JN411008

사물의 사생활

이민우 글 | 정세영 사진

이숲

앰애쉬까에게

차 례

Prologue

진품 명품 정품 불량품 복제품 모조품 위조품 최상품 최하품 고급품 등외품 합격품 완제품 가제품 수입품 수출품 밀수품 면세품 외제품 국산품 토산품 주문품 배달품 발명품 특허품 개량품 허가품 신상품 사은품 견본품 비매품 기증품 한정품 고가품 저가품 재고품 경품 전시품 분실품 습득품 생활용품 사무용품 장식품 비품 소품 사치품 기호품 필수품 대용품 소장품 기념품 수집품 골동품 애장품 소지품 소모품 귀중품 폐품 출토품 유품 부장품 일회용품 재활용품 중고품 군수품 보급품 전리품 진상품 하사품 공산품 수제품 농산품 수산품 수공예품 목제품 금속품 전자제품 예술품 의약품 화장품 학용품 유아용품 성인용품 여성용품 남성용품 …

나는
나에게, 타인에게, 세상에게, 신에게
무슨 사물일까?

01

가방

인생의 제1막은 가방으로, 제2막은 가방끈으로 산다. 가방으로 굵고 짧게, 가방끈으로 가늘고 길게 사는 것이다. 먼저 고기부터 발라 먹는다. 다음은 뼈다귀에서 맹물 맛이 나도록 우려먹으며 사는 것이다.

누구나 알 만한 외국 명문대의 박사학위가 있다. 몇 가지의 외국어를 구사한다. 정부와 대기업이나 알려진 기관과 단체에서 근무한 경력, 그럴듯한 직위와 직업을 얻는다. 이름이 나고 얼굴까지 잘생기면 금상첨화다. 그러고 나서, 대학교수 정도 하다가, 떡볶이 가게를 차리면 개념 있는 삶이다. 디자이너가 귀농해서 상추를 키우면 소박한 자연주의 삶이다. CEO가 이민해서 페인트공이 되면 브라보 마이 라이프다. 홍보회사가 원하는 스토리텔링이란 이런 것이다. 대한민국 1퍼센트의 조건과 자격이다. 한 편의 교훈적이고 감동적인 인생극장이 만들어진다.

02

버블비닐
에어캡

나: 선물처럼 마음 설레는 사랑을 하고 싶어.

버블선생: 겪어봐. 속 터지고 한 맺혀.

나: 일급 비밀문서처럼 가슴이 뛰는 삶을 살고 싶어.

버블선생: 계속 벌렁거리며 살면 심장병 걸려.

나: 택배 차 타고 바람 타고 훌쩍 떠나고 싶어.

버블선생: 유체이탈하고 싶은가 보군.

나: 더는 다치지 않게 성격을 바꾸고 싶어.

버블선생: 생긴 대로도 살지 못하면서.

나: 그럼, 나를 누를까?

버블선생: 나를 누려.

나: 뾱?

버블선생: 뾱뾱.

나: 공기가 방울방울.

버블선생: 마음이 방울방울.

03

진공청소기

내가 지나간 자리에 먼지가 일지 않기를,

내가 살았던 세상에 부스러기가 남지 않기를,

머리카락 한 가닥의 흔적조차 없기를 소원한다.

내가 든 자리는 더러워도 난 자리는 깨끗하기를 빈다.

그리하여 태초의 우주처럼 진공 상태가 되기를 바란다.

이 세상에 살러 오는 맨발의 아기가

첫발자국을 찍는 환희를 누리면 좋겠다.

여행하기 전에, 집을 나서기 전에

진공청소기를 돌린다.

04
티셔츠

쪽.

물, 들이다. 물들다.

땅이 키운 쪽나무, 햇볕이 삭힌 쪽잎, 스님의 정성이 익힌 쪽물에 입고 있던 면 티셔츠를 벗어 담근다. 항아리 안에서 옷과 쪽물이 입맞춤한다. 벌건 대낮에 스태프들이 둘러싼 곳에서 수중 정사 장면을 찍는 게 남세스러웠나 보다. 수줍은 낯빛으로 변한다. 밖으로 나와 공기를 들이마시더니 두 번째로 안색이 바뀐다. 맑은 물을 받아 놓은 플라스틱 대야로 줄행랑을 친다. 세 번째로 색이 바뀐다. 여러 번 새 물을 부어 버럭버럭 헹군다. 손톱 밑이 시퍼렇도록 몸속의 남빛을 풀어 내면서도 옷은 한번 입은 색을 벗으려 하지 않는다. 네 번째 다른 쪽빛이 나온다. 빨랫줄에 넌다. 하늘의 해가 내려와 물기를 다 빨아먹는다. 옷이 다섯 번째로 낯짝 두꺼운 얼굴을 내민다.

더도 덜도 없다는 삼세판의 한도를 넘었다. 다섯 번이나 본색을 드러냈으니 서로 보여줄 건 다 보여준 셈이다. 이제 빼도 박도 못한다. 쪽 팔릴 게 없는 사이가 된다. 한해살이 쪽나무의 풀빛이 여러해살이 옷의 물빛이 된다. 개인의 취향과 염색 횟수에 따라 색의 농담이 달라진다. 바람이 옷을 걷어 입고 남실거리며 마당에서 춤판을 연다.

사람과 사람이 네 쪽과 내 쪽으로 편 가르지 않고, 서로 물들이고 물들면 좋겠다. 내 몫의 할 일이 남는다. 쪽물 옷과 내가 서로 오갈 길을 닦는 일이다. 입을수록 세탁할수록 색다른 길이 날 것이다. 쪽 염색은 색을 밝혀서 길을 내는, 성과 속이 하나가 되는 일이다. 실은 원래부터 그런 것을 마치 생전 처음 보듯이, 서로 알아 가며 길들이고 길드는 것이다.

05

샌들

나는 고무 샌들이다. '하바이아나스(Havaianas)'라 불린다. 포르투갈어로 '하와이 사람'이란 뜻이다. 태몽이 일본 조리라 피부에 오톨도톨한 쌀 무늬가 있다. 브라질에서 태어났다. 그러고 보니 엄청 다국적이다.

내 주인과 참 많이 다녔다. 담배를 사러 편의점에 가자며 새벽 단잠 깨우는 것이 귀찮았다. 나를 질질 끌고 고급 레스토랑과 미술관의 문을 열 땐 창피했다. 한번은 방콕의 나이트클럽에서 입장을 거부당했다. 절과 성당, 교회, 모스크에서는 발소리를 낮춰서 간신히 예의를 차렸다. 어슬렁거리며 골목길을 산책하다가 백수 취급을 받았다. 사무실에선 깜박 잊고 신은 구멍 난 양말이 싫었다. 정말이지, 냄새가 나는 화장실엔 따라가고 싶지 않았다. 비가 오는 날엔 물을 만난 스타가 되었다. 고향의 이파네마 비치를 방문하는 영광도 누렸다. 단짝 수영복 친구와 해변에서 뒹굴기, 주인이 내가 제일 좋아하는 걸 안다는 사실이 놀랍기만 하다. 추운 날엔 휴가다.

어딜 가든 데리고 다닌다. 일란성 쌍둥이 동생이 나 대신에 몰래 따라나서기도 한다. 나는 주인의 발바닥 일기장이다.

06

냉장고

꾸르륵 꾸르륵, 냉장고는 배고프다. 일주일, 한 달 치 장을 봐서 채워도 냉장고는 허기가 진다. 제 배 속에 든 것을 제 것으로 소화할 수 없다. 보관만 했다가 다시 내주어야 한다. 이건 숙명이다. 그러나 냉장고는 숙명에 기죽지 않는다. 자포자기하고 사는 것 같지만, 숙명을 제법 깐깐하게 받아들인다. 포장에 적힌 유효기간을 잊어버리면 상한 우유를 내준다. 꾸르륵거림은 하찮은 숙명을 속이거나 비웃는 소리가 아닐까?

윙윙, 냉장고는 춥다. 문을 열면 죽음의 한기가 끼친다. 오래전 식인 풍습이 사라진 후, 부싯돌로 불을 붙이면서부터 사람은 죽은 것만 먹는다. 생선은 그물에 걸릴 때 퍼덕거림을 잃었다. 채소는 밭에서 뿌리째 뽑히고 동물은 도살장에서 숨을 거두었다. 냉장고는 삶이 아니라 죽음의 신선도를 유지한다. 포르말린, 나프탈렌과 같은 방부제가 아니라 프레온, 암모니아, 이산화탄소와 같은 냉매제가 그 역을 대신한다. 사람은 시간을 거스르려 했던 중국 진시황의 꿈을 재현하고자 한다. 윙윙거림은 썩지 않고 이승을 떠도는 불로장생의 바람 소리다.

이집트의 파라오는 원대한 생각을 했다. 숙명에 대한 고민, 젊음과 생명의 연장을 뛰어넘어 영원불멸을 꿈꾸었다. 육신을 미라로 만들어 보관했지만, 피라미드를 영혼의 처소로 여겼다. '영혼'이라는 것이 있을까? 김치냉장고, 와인셀러, 화장품 냉장고처럼 영혼 냉장고도 나올 법하다. 영원히 사라지지 않는 사물, 존재가 있을까? 신이 되고자 하는 인간의 열망과 노력, 믿음은 대체 어디에서 비롯된 것일까?

07

커피 여과지

커피야,

잠시나마 내 안에 있어 줘서 고마워.

비록 네게서 쓴맛, 신맛, 단맛이 났지만, 골고루 맛본 게 어디야.

서로가 한 번 스친 게 어디야. 그게 우리 인연이야.

네 향기, 잊지 않을게.

여과지야,

내 허물을 걸러 주고 받아 줘서 고마워.

빈말이라도 붙잡지 않아서 고마워.

널 지나가지 않았으면, 내가 누군지 어떤 맛을 가졌는지, 나도 몰랐을 거야.

네 마음, 잊지 않을게.

08
덤벨

정신적으로 힘들 때 가장 많은 육체적 운동을 했다. 근력운동을 한 계기는 식스 팩을 만들기, 젊음을 유지하기, 오래 살기 위한 것이 아니었다. 체중을 늘리기, 스트레스를 해소하기, 혼자 운동하는 시간이 좋아서였다. 3세트 막판에 킬로그램을 추가한 덤벨을 한 번 더 들어 올리려면 험한 욕이 나올 만큼 힘들지만, 생활의 무게보다는 가볍고 쉬웠다.

출근 준비를 하려고 아침에 샤워를 하다가 그대로 정신을 잃고 쓰러졌다. 첫 번째는 50분 동안, 두 번째는 1시간 30분가량 깨어나지 못했다. 의사가 나더러 세 번째는 죽을 거라고 했다. 과로사, 돌연사란 그런 것이다. 그 이후로 삶이나 뭔가에 대한 애착과 죽음에 대한 두려움이 사라졌다. 그 대신, 단 하루를 살아도 신체적으로 건강하게 살고 싶다는 또 다른 갈망이 생겼다.

내게 일을 즐길 수 있는 능력은 없었다. 회사를 그만두었다. 근육은 운동할 때가 아니라 쉴 때 만들어진다.

09

못

욕실의 헌 문짝을 매달려고

나사못을 들인 자리.

나사렛 사람,

예수의 손발에 들인 대못 자국이 이럴까?

누군가를 위해 이만큼 헌신한 적이 있을까?

내 첫사랑 예수,

지금은 애인이 몇 명 더 있지만

여전히, 두근두근.

아멘.

10
단소

끝끝내 하나도 배우지 못한 악기들. 내 호흡이 대나무 속에서 공명하기도 전에, 내 귀로 메아리 소리를 듣기도 전에 1박 2일 패키지 관광객처럼 스쳐간 듯하다.

단소를 부는 연주자, 시를 쓰는 시인, 노래를 부르는 가수, 공을 차는 축구 선수, 영화를 만드는 감독, 그림을 그리는 화가, 춤을 추는 무용수, 현장에서 고생하는 NGO 활동가들이 고맙다.

내가 못하는 것이 참 많다. 내가 하고 싶은 것을 잘하는 사람들, 내가 할 수 없는 것을 대신 해주는 사람들이 고맙다. 그들은 자신도 모르는 사이에 누군가를 위해 살고 있다는 걸 알고 있을까? 그들에게 마음의 기립박수를 보낸다.

11
식탁

거짓을 말하지도 않고 참을 말하지도 않는 것은 세상을 둥글둥글하게 사는 법이다. 주눅 들어 비겁하게 사는 법이다. 이젠, 무엇이 거짓이고 참인지 모르겠다.

내 안의 각이 조금씩 깎여 나간다. 벌써? 시간의 흐름이 빠르게 느껴진다는 것은 나이가 들었다는 것이다. 점잖은 척하는 것은 잔주름을 감추려는 안간힘이다.

네모난 식탁의 한 모서리를 쳐내기 시작하면, 나머지 세 귀퉁이가 떨어져 나가는 것은 초고속 광케이블이다. 원탁을 기뻐할까, 슬퍼할까?
부디 세상의 모난 돌들이 정 맞지 않기를, 각 잡고 살기를. 이런 바람을 갖는다는 것은 내가 이미 꼰대가 되었다는 사실이다.

숟가락을 든 왼손이 파르르 성질을 낸다. 밥이 목구멍으로 넘어가지 않는다. 어지럽다. 쓰러지지 않으려고 붙잡을 구석을 찾는 것은 추태다. 위로? 나의 비참함을 비웃어야 할 때이다.

리를 무는

12

스카치테이프

포스터에 붙인 투명한 스카치테이프를 떼려다가 종이의 살갗까지 떨어졌다.

한 사물이 떼어간 다른 사물의 살점. 내 것이 아니다. 애인에게 간 내 마음은 결별해도 내 것이 아니다. 내 마음대로 어쩌지 못한다. 마음 한 점이 뚝 떨어져 나갔다고 포스터가 사라지지 않는다. 내 마음이 무너지지 않는다. 사물에 난 상처를 그대로 두고 산다. 흉하지만 더는 아프지 않다. 괜찮다.

옛 애인은 저도 모르게 내 마음을 달고 갔을 것이다. 그 때문에 맑은 눈빛을 잃지 않기를. 다른 사랑과의 접착력이 약해지지 않기를.

13
수도꼭지

손가락 하나만 까딱하면 강물은 취수장에서 순식간에 불순물을 씻는다. 땅속 길고 좁은 비밀통로를 달린다. 옅은 불소 향을 풍기며 말간 모습으로 내 앞에 득달같이 나타난다. 어떻게 알았는지 내가 원하는 것을 주르르 안겨 준다. 고맙단 말을 하기도 전에 소리 소문 없이 수도관 속으로 다시 사라진다.

수도꼭지는 배꼽시계에 맞춘 밥물, 대화를 잇는 찻물, 여름 등줄기의 목물, 가위눌린 새벽 잠결의 자리끼, 찬물과 더운물을 가리지 않고 내 욕구를 들어준다. 물컵이든 물통이든, 내가 칭얼거리는 대로 마다치 않는다. 시도 때도 없이 옷섶을 헤쳐서 물려 주는 현대 문명의 젖꼭지다.

문명인은 통통하게 오른 뺨의 젖살이 빠지면서 어른이 된다. 수도꼭지의 생활에 슬슬 익숙해진다. 그러다가 편안함을 지긋지긋해한다. 나와 별반 다르지 않은 주변 친구와 회사 동료를 보며 안심한다.

서로 술잔을 기울이며 위로하고 버틴다. 텔레비전으로 다른 나라의 식수난 다큐멘터리를 보며 안타까워한다. 애틋함과 감동의 눈길은 화면 하단의 ARS 기부전화 자막에 잠깐 망설인다. '내 새끼에게 아이스크림이라도 하나 더 사 줘야지.'로 사그라진다.

1/2

한강 상수원 보호구역을 거슬러 오대산으로 간다. 수도꼭지의 먼 조상을 만난다. 숲이 도드라지게 내민 옹달샘의 젖꼭지를 빨아 본다. 바다를 건너서 캄보디아로 간다. 한류 TV 드라마도 모를 출생의 비밀이 주는 특권, 출생지를 선택하지 못한 사람들의 목마름과 맞닥뜨린다. 콸콸 수도꼭지의 나라에서 온 국민은 들고 있던 카메라를 가방 안에 도로 집어넣는다. 몇십 킬로미터를 걸어서 길어온 흙탕물이 플라스틱 통의 밑바닥에 가라앉길 기다린다. 먹을 수 있는 물인가를 가늠하는 것조차 상류층의 사치인 나라가 많다. 수십 가구가 사는 마을에 공동 우물조차 없는 지역이 수두룩하다.

사람과 가축들이 웅덩이에 함께 코 박고 흐린 물을 먹던 오지에 머물다가 인천 국제공항에 내린다. 화장실에서 오줌을 눈다. 자동으로 깨끗한 물이 쏟아지는 게 신기하다. 편의점에서 산 생수를 마시는데 구토와 빈혈이 난다. 한쪽엔 넘쳐서, 또 다른 쪽엔 모자라서 탈이다. 이웃 나라 간 일상의 극한 대비가 주는 충격에 지구 전체가 중심축을 잃고 휘청거리는 것 같다. 종종 겪는 일이만 좀처럼 내성이 생기지 않는다.

2000년대의 수도꼭지 근처에서 새로운 세계 4대 문명이 발아할 수 있을까? 황하, 인더스, 티그리스와 유프라테스, 나일 강의 물은 모두 거의 비슷한 시기인 '축의 시대'에 문명의 길을 나섰다. 수십 세기 동안 세계 여행을 하다가 지금은 땅속의 수도관에서 장기간 은둔하고 있다. 자신이 태어난 나라의 애타는 메마름도 잊은 듯하다. 일상생활의 붙박이가 된 강물의 생소함이 그립다. 마중물로 수도꼭지 안에 탄산음료라도 부어야 할까?

14

현관 매트

신발들아, 날 밟고 가렴. 모래, 흙, 먼지, 빗물, 껌 딱지까지 네가 밖에서 입은 아픔일랑 내게 떨어 버리렴. 황톳길, 아스팔트길, 시멘트길, 나뭇길에서 닳고 닳다가 굳은살이 박였네.

너무 피곤해서 신발끈도 풀지 않고 쓰러져 자든, 기운 차려서 짝 맞춰 앉든, 샌들과 구두가 뒤엉켜 나뒹굴든 마음껏 쉬어 가렴. 너희가 웃음꽃을 피우도록 작은 화단이 되어 줄게.

조깅화, 등산화, 단화, 신사화, 숙녀화야, 현관 밖으로 다시 나서기 전에 쌓인 화는 내 품에 벗어 두렴. 한 걸음씩 내디디며 사는 것도 버거운데 화까지 들러붙어 있으면 더 무겁잖아.

15
부채

부채란 녀석, 참 얄밉다.

부채는 더위와 가위바위보 할 때 항상 보를 낸다. 활짝 펴면 주름살에 그려진 화초도, 사군자, 산수화가 팽팽한 연처럼 살아나고 한 자락의 시원한 바람이 분다. 부채는 부질없는 힘을 쓰지 않기에 추위와는 아예 함께 놀기를 거절한다.

부채는 여름 한 철만 일한다.
한 해 나머지는 한량처럼 백수건달처럼 논다. 일을 적게 할수록 돈을 적게 쓴다. 일할 때 생기는 스트레스를 풀려고 음주가무, 외식, 쇼핑, 보약, 휴가비, 병원비 대느라 늘 수입이 모자란다. 선풍기, 에어컨의 악순환이다.

밑지며 파는 장사꾼도, 손해 보며 사는 인생도 없다. 내 탓이다.

16
세탁기

출근할 때 다림질해 입었던 와이셔츠가 퇴근하기도 전에 구겨졌다. 머리맡에서 자장가를 불러 주려다가 오히려 새벽 산책을 나서게 했던 시집의 글귀가 기억나지 않는다. 가르치지 않는 것도 스승의 일인지 미성년자 고3 학생에게 소주잔만 건네던 김천고등학교 한문 선생님의 성함이 퍼뜩 떠오르지 않는다. 조명이 자리에서 일어난 뒤에도 스크린에 고정되었던 영화의 감동은 극장 밖의 대로에서 길을 잃었다. 간송미술관과 국립중앙박물관, 리움갤러리에 전시된 조선 시대 화가들의 생경하던 채색화는 흑백의 수묵화가 되었다. 전국 각지의 명산대찰에 올라 땀을 흘렸던 삼천 배는 찜질방에 내려와 흔적도 없이 말라 버렸다. 포르투갈의 리스본콜링 호스텔에서 듣던 이웃집의 노래는 MP3로 재생해도 눈물이 나질 않는다. 친구가 우편으로 보내준 여수 간장게장의 엽렵하던 맛은 혀에 남아 있지 않다. 세계 각지의 사람살이를 한 순간씩 정지시켜 되새김질하던 여행 사진들은 1테라바이트의 외장하드에 담겨 곰팡이가 피었다.

그 많은 것들이 내게 와서 겉옷에 묻은 때밖에 되지 않았을까? 깨달음이 되지 못한 앎의 빨랫감들이 쌓일 때마다 세탁기를 돌린다. 끊임없이 빨고 헹구고 짜고 말리기를 반복한다. 세탁기도 나도 종종걸음치지만, 늘 제자리에서 쳇바퀴 돈다. 어떻게 하면 빨랫감이 생기지 않을까?

예약
세탁

17

털모자

어떤 사물은 생각만 해도 촉감이 느껴지는 것이 있다. 마음에 훈훈한 온기를 지핀다. 털목도리에는 누구든 '엄마' 하고 불러 보면 가슴 밑바닥부터 번지는 알싸한 포근함 같은 것이 있다. 한 친구가 성탄절 선물로 떠준 초록색 털목도리가 있었다. 몇 해 동안 겨울마다 든든한 바람막이가 되었다. 재작년 택시에 두고 내린 것이 못내 아쉽다. 허전한 목을 매만지며 부주의를 탓했다.

또 다른 친구가 떠준 까만 털목도리가 있다. 주는 선물이라 고맙게 받아 놓고 몇 년간 한 번도 두르지 않았다. 한 땀 한 땀 수고와 정성보다 내 취향을 따지는 별난 성질머리가 어쭙잖다. 결국, 이런 문양에 저런 길이로 다시 떠달라는 나의 파렴치에도, 착한 친구는 목도리를 풀어 새로 만드는 자비를 베풀었다. 겨우내 그 목도리만 목에 두르고 따뜻한 젓값을 치렀다.

털실 뜨기는 허공에 떠다니는 공기를 양손으로 붙잡아 실의 매듭 사이에 고정하는 일이다. 뜨는 이의 체온이 대바늘을 타고 털실 전체를 순환하는 혈액이 된다. 사물을 만들고 사용하는 것은 현대인의 지능이 아니라 원시인의 본능이다. 태곳적 경험이 구체적 사물로 전해진 유산이다.

지난해 크리스마스가 가까워 오던 날, 국제아동권익기관 세이브더칠드런코리아에서 일하는 초록색 목도리의 친구로부터 또 선물을 받았다. 해마다 10

월경에서 이듬해 2~3월까지 마련하는 '신생아 살리기 모자 뜨기 캠페인'의 다섯 번째 생일잔치였다. 직원들과 자원봉사자들, 참여자들이 섬세하게 손 보태고 마음 더한 잔치는 정겨운 축제가 되었다. 캠페인을 소문내기 위해 홈페이지 내용을 짜깁기해 인용한다. 모자 뜨기에 참여하는 게으른 방법이다.

"해마다 세이브더칠드런이 발표하는 〈어머니보고서〉에 따르면, 매년 전 세계 200만 명의 아기들이 출생 당일에, 400만 명이 출생한 지 한 달 안에 사망한다. 죽어 가는 소중한 생명을 살릴 방법은 어렵고 거창하지 않다. 탯줄을 자르는 살균된 칼, 저렴한 폐렴 항생제, 저체온증을 막아 주는 털모자 등이 있으면 된다. 털모자는 신생아의 체온을 보호해 사망률을 약 70%까지 낮출 수 있다. 2007년부터 2012년 3월까지 개인과 학교, 단체의 참여자가 뜬 563,144개의 털모자는 밤낮의 기온 차가 심한 앙골라, 말리, 에티오피아, 잠비아, 라오스, 캄보디아, 네팔, 방글라데시, 타지키스탄의 갓난아기들에게 전달되었다."

'신생아 살리기 모자 뜨기 캠페인'에 참여했던 이들이 보낸 사연을 보면 남을 도운 동시에 자신과 주변 사람들의 마음까지 치유했던 것 같다. 한 여자가 투병하며 뜨던 털모자를 미완성으로 남긴 채 천국으로 갔는데, 그것을 시어머니가 마저 뜨고 남편이 우편으로 보낸 사연이 있다. 그 작은 털모자는 먼 나라로 여행을 가서 갓난아기의 생명을 지켜 주는 빅마마가 되었을 것이다. 세상에서 이보다 귀한 생명 모자가 어디 있을까?

⊙ 세이브더칠드런코리아_ www.sc.or.kr

18

다관

다정은 병이다. 넘치는 정은 자원 낭비다. 접시엔 접시만큼, 대접엔 대접만큼 담아야 한다. 잔이 있는 건 그 잔만큼 따라서 나누어 마시라는 것이다. 정을 주는 이는 받는 이의 용량을 모른다. 받는 이는 과식에 소화불량으로 괴로운데 조금이라도 더 먹이려 한다. 약국에 소화제를 사러 가다가 쓰러져도 멈추지 않는다. 그래도 그것을 정이라 여긴다. 더불어 사는 재미와 정을 모르는 이가 없지만, 집착한다. 물꼬는 철철 넘치는 물을 메마른 논으로 흐르게 한다.

19

필기구

연필: 흑심을 품었지만 귀여운 녀석이다. 하는 짓이 마음에 들지 않으면 지우개를 불러 버르장머리까지 뜯어고칠 수 있다. 하지만 살살 다루지 않으면 톡톡 부러지며 성질을 부린다. 흑심을 드러내도록 깎아 줘야 하는 성가심이 있다.

만년필: 잉크 병과 카트리지를 들고 따라다니며 젖을 물려 주고, 천년만년 돌봐 줘야 하는 귀찮은 녀석이다. 자신은 순진무구한 피터팬이라 한다. 공책의 피부에 잉크가 스며들도록 손톱으로 사각사각 할퀼 때 쾌감을 느낀다. 문신가가 되려고 실습하는 모양이다.

볼펜: 팀도 없이 운동장에서 혼자 볼을 굴리며 노는 프로 축구 선수다. 지치지도 않고 단독 플레이하다가 다른 볼펜심으로 대체된다. 다른 선수의 현란한 드리블을 구경도 못 하고 밖으로 쫓겨난다. 국민 필기구의 타이틀은 계속 유지한다.

형광펜: 눈부신 집안에서 태어난 미인이라 범인이 쉽게 말을 걸기가 꺼려진다. 정작 그녀는 평강공주 콤플렉스를 가지고 있다. 고난받는 이들과 살고 있다. 주로 고3 수험생과 고시원생, 취업준비생의 곁에서 골머리를 싸맨다.

색연필: 세트로 몰려다니며 연주회를 여는 오케스트라 단원들이다. 제각기 십인십색의 음색으로 심금을 울린다. 사람마다 편애하는 색깔이 있다. 귀명창들이 단원들을 따로 불러 독주회를 청하기에 꼭 필요할 때마다 합주가 되지 않는다.

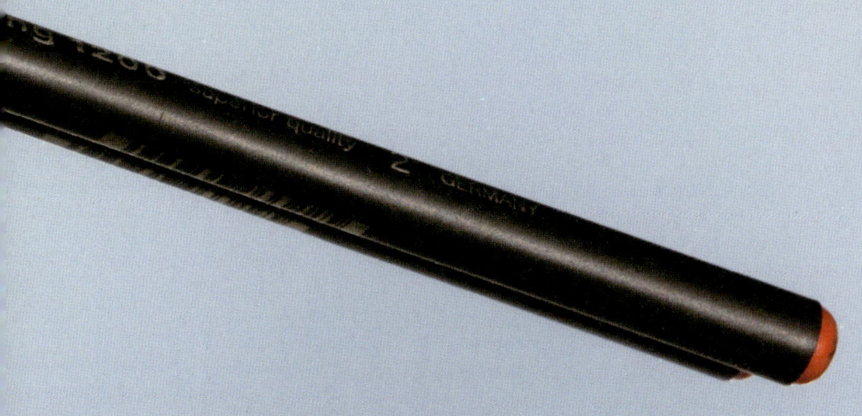

이들 필기구 5인방이 가로세로, 둥글게, 각지게 폼 내며 활약하던 시대는 갔다. 요즘은 인간의 손가락이 필기구를 대신한다. 도구를 사용하기 전 원시인 본능이 되살아나고 있다. 터치 기능과 능력이 대세다. 직접 손으로 만지고 느끼고 뭔가를 하는 시대로 되돌아간다. 환영할 만한 기술의 진보가 아닐까? 타자기가 나올 때부터 그런 조짐이 있었다.

옛 선비들이 사랑채에서 끼고 살던 문방사우는 오늘날 기능은 같아도 모양이 달라졌다. 종이는 모니터와 액정화면, 내장하드, USB가 되었다. 붓은 사람의 손가락이나 스틱이, 벼루는 입력자판기가, 먹은 전기와 WiFi가 되었다. 옛것에 대한 그리움과 새것에 대한 갈망, 과거의 불편, 현재의 불만, 미래의 불안은 인지상정이다.

20
프리스비

"서핑, 술, 여자만 있으면 돼."

페루 뜨루히요 완차고의 해변 마을에 서핑 클럽 겸 게스트하우스가 있다. 완차고는 남미의 유명한 서핑 장소 중 하나지만 서퍼들 외에는 찾는 이가 드물다. 비수기 외로운 바닷가와 키 높은 파도가 좋다. 서핑 강사인 서른한 살 호세. 서핑은 배우라고 권하지 않고 제 인생을 꺼낸다. 그의 삶이 세 가지 품목만큼이나 단순하다. 우선순위도 말하는 그대로다. 하나만 선택하라면 서핑이란다.

사물을 지칭하는 말 중에 한자로 '물건 품(品)'이 있다. '입 구(口)' 자 세 개를 포개어 놓았다. 여럿이 입 모아 대화하다 보면 쓸 만한 것이 나온다 해서 만들어진 회의문자라는 설이 있다. 머리를 쥐어짜는 광고회사의 회의실 같다. 글자 모양새가 층층이 쌓아 놓은 세간, 대식구가 옹기종기 모여 한솥밥 먹는 살림 같다. 새끼들이 노란 입을 쩍쩍 벌린 제비 둥지처럼 보인다.

좀 더 파도를 타면, '품' 자는 우리와 너, 나의 생명공동체다. 땅과 자연, 하늘을 하나로 품는 공존의 인드라망이다. 실은, 품의 뜻 중에 '같다, 같게 하다'가 있다. 남의 입이든 내 입이든, 밥 한술 떠주는 일은 고단하고 장엄하다. 사물은 그것의 숟가락 젓가락이다. 그 가짓수가 많은 사람은 그만큼 욕심이 있거나 열심히 산다는 뜻이 된다.

해변에서 놀이용 원반을 주고받는다. 프리스비는 지평선을 둥글게 쥐며 올라가고 수평선을 둥글게 펼치며 내려온다. 그 사이에서 허둥지둥 뛰어다니는 것은 사람이다. 원반 놀이는 잡고 던지기의 무한 반복 게임이다. 원형의 사물이 사람을 가지고 노는 것 같다.

출판사로부터 99가지 사물을 가지고 책을 한 권 꾸려 보자는 말을 들었을 때 아득했다. 내게 글을 쓸 만한 사물이 그만큼 있을까? 사물에 무단으로 세 들어 사는 잡놈 같아 기분이 내킬 때마다 집 안을 정리한다. 일부는 물건과 어울리는 임자를 찾아간다. 쓸 만한 것은 재활용 시설에 팔거나 기부하고 나머지는 버린다. 그렇게 해도 썰렁한 집 안에 잡동사니가 많다.

덩치 큰 물욕에게 빰 맞고 애꿎은 사물에게 화풀이하는 격이다. 짐을 간수하며 사는 게 벅차다. 사물에 휘둘리는 것이 점점 싫어진다. 누군가로부터 나에게 또 다른 이에게 가서 더부살이하는 사물들의 여행을 지켜보는 것도 재미있다. 그나저나, 내 삶의 세 가지 사물은 무엇일까? 친구를 불러 프리스비 놀이나 해야겠다.

21

집게

그가 가진 것이라고는 입밖에 없다.
입은 있으나 말하지 않는 게 그의 일이다.
일을 시작할 때와 마칠 때만 입을 벌린다.
마치 물에 들고날 때, 큰 숨을 들이
마시고 내뱉는 잠수부와
고래 같다.

사무실에선 기밀서류의 내용
을 발설하지 않는다. 다른 직원
들에 대해 이면지 연습장 뒤에서
이러쿵저러쿵 입방아를 찧지 않는다.
빨랫줄에선 걸레의 순결과 행주의 외
도에 대해 티격태격하지 않는다. 흰 셔츠
에 튄 붉은 김치 국물을 타박하지 않는다.
어금니를 꽉 깨물고 악착같이 사는 것 같지만,
무념무상으로 유유자적할 뿐이다.

그의 입 값은 곧 그의 몸값이다. 그에게 대변인, 변호사, 보험설계사, 전도사, 정치가, 교수, 광고인 같은 직업을 권하면 입술도 떼지 않고 묵묵부답이다. 예나 지금이나 말을 잘하는 게 실력과 재력, 권력이 되는 사회에서 보기가 드문 괴짜다.

한때 '닥치고!'라는 말이 유행했다. 거침없이 휘두르는 막말이 인기 검색어가 되었다. 사람들은 손뼉 치며 배꼽의 희열을 느끼다가 칼날의 방향을 되돌렸다. 스트레스로 가득 찬 폭력적인 사회의 씁쓸한 맛이다. 소통의 진검은 칼집에서 꺼내지 않는 법이다. 진득한 칼자루만으로 서로 상처 없이 염화미소를 짓는 것이다.

집게의 일생은 묵언수행과 육체노동으로 초지일관한다. 위대한 침묵의 힘이다. 그리스 아토스 산에 있는 수도원의 수사, 히말라야 산중의 동굴에 은거한 수도승도 그의 그림자를 밟을 만한 이가 없을 것이다. 조그만 집게가 언행일치를 조용히 보여 준다.

22
라벨

"너 자신을 팔아라."
"개인의 브랜드 가치를 높여라."
"자신의 몸값을 올려라."

영어의 브랜드와 비슷한 우리말은 상표다. 사전을 찾아본다.
상표는 '사업자가 자기 상품에 대하여 경쟁업체의 것과 구별하기 위하여 사용하는 기호, 문자, 도형 따위의 일정한 표시'다.
왜 사람에게 한낱 상품이 되라고 할까? 과거 노예제의 부활일까?
사회적 생존, 경쟁력 향상, 개인의 발전, 타인의 인정을 위해서라면 상품이 되어도 좋을까?

"아이 러브 세일."

NONAME
MENSWEAR

전원/취
조리시작
간편조리

23

전자레인지

언 우정을 녹여 주고

식은 사랑을 데워 주는

전자레인지는 없을까?

서로

이러지도 저러지도

못하고 있을 때

슬며시

버튼을 누를 수 있도록.

그것도 자동으로.

24
가로등

심야 산책. 수저가 달그락거리던 식당과 카페, 옷걸이가 분주히 탈의실을 드나들던 가게, 부어라, 마셔라 북적이던 술집이 모두 셔터를 내렸다. 거리를 가득 메웠던 인파는 둥지에 들어 취침 등을 끄고 잠들었다.

가로등이 옆에 선 가로수를 흘깃거리며 담벼락에 그림을 그린다. 작업에 방해되지 않도록 서너 걸음 떨어져 앉아 담배를 피운다. 나트륨 등의 팔레트엔 온통 노란색 물감뿐이다. 그가 완성한 벽화는 덧칠 없이 미세한 농담이 인상적인 무채색 묵화다. 빛의 연금술사가 펼치는 마술 쇼 같다. 다른 골목으로 걸음을 옮긴다. 동네 곳곳에 사는 가로등이 일제히 이 전시회에 참여했다. 낮엔 거기 있는 줄도 몰랐다. 거리의 화가들이 다양한 오브제를 가지고 작업을 한다. 작품들은 길바닥에 눕혀 두고, 벽에 걸고, 계단에 비스듬히 세우고, 다른 사물들 위에 얹어 놓았다.

한밤에 야외 전시회를 무료로 관람하는 횡재를 누린다. 전시회 주제는 가로등과 사물들의 놀이쯤 될까? 밤이 주최하고 도시가 후원하는 미학 페스티벌이다. 가로등 하나가 나를 스케치한다. 쓱싹, 즉석에서 그려 준다. 한 가로등이 팔다리를 움직여 보라고 한다. 쑥스럽지만 하라는 대로 한다. 관람객이 그림자 인형극 꼭두각시로 참여하는 재미도 있다. 인제 그만 놀고, 집에 가야겠다. 내일 낮엔 태양이 그리는 그림자 전시회를 봐야지.

25
택배 상자

"김영희 씨, 김영희 씨, 김영희 씨, 택배 왔습니다. 택배 왔어요."

골목에서 한 남자가 한 여자를 부른다. 애타게 사랑의 노래를 부른다. '씨' 자의 끄트머리가 번짐 없는 마스카라처럼 길게 이어지며 경쾌하게 올라간다. 용감하게 문부터 노크하지 않는 건 설렘을 겨냥한 발칙한 여유다. 모름지기 남자가 구중궁궐에 들어갈 땐 긴 회랑을 걸어야 하는 법이다.

여자는 섹스하기 전 자기 입술을 살짝 물어뜯듯이 택배 상자를 열 것이다. 뭐가 올지 치수와 색상, 모양까지 훤히 알지만, 깜짝 놀란 척하는 건 귀여운 예의다. 온 동네가 떠들썩하게 창피를 주느냐는 삐죽거림은 애교의 또 다른 표현이다.

여자는 자본주의의 달달한 세레나데를 받고 감동이 두 배다. 오늘 밤, 황녀의 잠꼬대를 할 것이다. 혹시, 저 택배 사원은 여자의 진짜 애인인지 모른다. 그럼, 저 난리는 수컷 공작새의 현란한 사랑 고백 이벤트가 아닐까? 곧 친구들까지 불러서 함을 팔 것이다.

"함 사세요. 함 사세요. 함 사요."

26
자동 센서 등

현관문 앞의 천장에 박쥐처럼 거꾸로 서 있는 자동 센서 등. 거기 있는지 없는지 아무도 모르게 조용히 있다가 내 발소리를 듣고 불현듯 존재감을 드러낸다. 내 움직임에 화들짝 반기는 혼령이 빈집에 살고 있었나? 문을 열고 집 안으로 들어가지 않아도 '이제 집에 왔구나!' 하는 안도감을 느낀다. 언제부턴가 닫힌 현관문 앞에서 구두끈을 푸는 버릇이 생겼다.

몸에도 인공지능 자동 센서를 달고 싶다. 무뎌진 시각, 미각, 후각, 청각, 촉각은 이제 외부의 변화를 민감하게 감지하지 못한다. 전파상에 가서 새 전구 사서 갈아 끼울 생각을 하지 않는다. 불편하다고 투덜거리면서 그렇게 방치한다.

돌아오는 골목길이 어둡고 가파른 날이 있다. 신발끈을 풀 의욕도 나지 않는다. 미확인 비행물체 같은 현관 등 아래서 신원불명자가 되고 싶은 유혹을 느낀다. 내겐 소문만 무성한 말에 끌려 들어갈 만큼의 무모함조차 없다. 몽상가지만 바보는 되지 못한다. 바보가 될 만큼 현명하지 않다.

현관문의 자동 센서 등이 불 밝히며 기다리는 시간은 길지 않다. 서성이지 말고 어서 문턱을 넘어서라고 한다. 누가 등 떠밀지 않아도 바로 지금, 이리저리 재지 않고 덤벼드는 날벌레들의 본능이 아름다울 때가 있다.

27
세계지도

여행은 사물이 아니라 경험을 소유하는 삶의 방식이다. 누가 어느 것을 선택하든 서로 부러워하거나 자랑할 일이 아니다. 가치의 기준이 다를 뿐, 동등하다. 다행히 한꺼번에 모든 것을 가질 수 있는 이는 없다.

하나의 기준이 여러 사람의 동의, 힘 있는 자의 강요로 불변의 진리인 양 고착된다. 유럽은 아시아를 동양이라 한다. 방향감각을 상실하고 자가당착에 빠졌다. 뒤늦게 알게 된 아메리카대륙을 궁여지책으로 신대륙이라 불렀다. 그들의 이기심과 교만은 여전히 지명으로 남아 있다. 타국들은 또 그대로 따른다.

어디가 서쪽이고 동쪽일까? 한국에서 가장 가까운 서양은 서해 너머 중국, 동양은 동해 건너 일본이다. 파라과이의 남쪽 도시, 엔까르나시온의 레스토랑에서 만난 어느 과라니족 원주민은 한국이 서쪽에 있는 나라라고 했다. 그들에게 유럽은 동쪽이다. 어디를 중심으로 삼느냐에 따라 세상에 대한 인식이 달라진다. 내가 서 있는 지점에 따라 세계지도가 다르게 그려진다.

지도가 없어도 지구는 있다. 지도에 표시되지 않은 곳이 얼마나 많은가? 저마다 선택한 지도에 위도와 경도의 좌표를 찍고 그것을 기준 삼아 삶을 여행한다. 인간은 가보지 않은 길에 대한 미련과 환상이 있다. 나에겐 흥미진진한 관광지가 현지인에겐 지긋지긋한 현지다. 다행히 인간은 지구 구석구석을 모두 밟아 보기 전에 죽는다. 자연은 인간이 가진 끝없는 소유와 소비의 욕망을 일찌감치 종료시켜 버린다.

MALAYSIA
INDONESIA

28

별

별들이 빛난다.

광년은 천체와 천체 사이의 거리를 나타내는 단위다. 1광년은 빛이 초속 30만 킬로미터의 속도로 1년 동안 나아가는 거리다. 얼마큼 먼 거리일까?

지금 보고 있는 저 별빛은 몇 광년 전의 반짝임이다. 빛이 이곳에 도착하는 동안에 그 별은 사라졌을지도 모른다. 별이 몇 년 전에 우주를 여행하면서 보냈던 엽서를 이제야 받아 보는 것 같다.

사랑하는 이는 '하늘의 별이라도 따준다.'고 한다. 사랑이 불을 밝히면 별빛도 눈에 들어오지 않는다. 도시의 밤하늘에 별이 흐릿한 것은 사랑하는 이들이 별보다 많기 때문일까?

별들은 사람이 거의 살지 않는 시골로 이사한다. 사랑을 나누던 마을 연인들은 할머니 할아버지가 되었고 불을 켤 기운조차 아낀다. 몇 되지 않는 그들마저 초저녁에 잠이 든다.

아직, 별들이 빛난다.

29
선인장

그와 함께 산 지 이십 년이 지났다. 지금까지 내가 최장기 동거인일 것이다. 종로 5가 버스 정류장 옆, 길거리 좌판의 꽃집에서 그를 처음 만났다. 그는 처음부터 날 곰살궂게 대하지 않았다. 분갈이, 거름, 햇빛, 바람, 물과 같은 생필품이 필요한데, 내가 입에 풀칠을 하는지 마는지 신경 쓰지 않았다. 오히려 내가 소 치는 아이의 해찰을 살피는 암소가 된 것 같았다.

난 나대로 살 수 있었다. 잎이 가시가 된 것은 선인장 집안의 오랜 내력이었다. 사람과 삶에 별다른 기대가 없었다. 많은 것이 필요하지 않았다. 그는 새벽녘에 가끔 침대에 걸터앉아 날 쳐다보았다. 난 잠든 척하다가 평온하게 잠들었다. 친구들이랑 어울린다고 자정이 넘어 들어오고, 야근한다고 아침에 들어오고, 휴가 간다고 며칠씩 집을 비웠다. 외박하는 날과 기간이 늘어나더니 몇 달 몇 년 만에 돌아오기도 하였다. 몽골 유목민과 가축처럼 서로 방목하는 생활이 이어졌다.

난 아무렇지 않은데 꽃단장하고 철 따라 살다 나간 화분들은 홀로 사는 나를 측은하게 여겼다. 고독하게 지내도 심심하지 않다. 내 주위를 돌며 뛰어다니는 해시계 그림자의 변화무쌍한 재롱을 받아 주느라 하루가 짧다. 잔잔한 외로움들은 지나가는 바람의 알갱이다. 쌓이고 쌓이면 남해도의 설리 해수욕장, 나미비아의 붉은 모래 둔덕, 이집트의 하얀 사하라처럼 호젓한 풍경이 된다. 한쪽엔 스스로 고즈넉하게 목 축일 오아시스가 생기지 않을까?

물이 많으면 뿌리부터 죽는 식물이 있다. 우린 첫 만남부터 서로 지나친 관심과 보호는 숨통을 죈다는 걸 눈치챘다. 적당한 간격에서 서로 찌르지 않고 온기를 나누는 한 쌍의 고슴도치처럼 사는 게 좋았다. 그도 나도, 서서 존재하는 것만으로도 입에서 단내가 나는 일이다. 직립인간의 고단함이다. 나란히 혹은 앞서거니 뒤서거니 걷다가 한 명이 멈춰서 숨 고르면, 그 곁에 수평으로 가만히 앉아 주는 것. 따로 그리고 같이. 앞으로도 그렇게 살면 될 것 같다. 그도 그렇게 생각할까?

30

넥타이

샐러리맨들은 무사들이다. 허리춤이 아니라 목에 검을 하나씩 차고 다닌다. 전통적인 비즈니스의 강호에서 지존을 다툰다. 문화예술인, 전문직, 벤처기업 종사자, 스티브 잡스와 같은 현대판 검객들은 검조차 차지 않는다.

이들 가운데 검이 필요 없이 무공을 갖춘 자들이 있다. 누가 백수와 프리랜서, 아마추어와 프로, 사원과 CEO인지 분간할 수 없다. 칼을 지니지 않은 무리에서 누가 하수와 고수, 적수와 맞수인가? 무림의 세계는 갈수록 첩첩산중이고 망망대해다.

31
심박계

반나절 동안, 광고계 선배 병문안을 다녀왔다. 심근경색으로 입원했다. 5인 병실 환자마다 심박계가 뛰고 있었다. 환자들의 심장박동이 모니터에 들쭉날쭉 그래프를 그렸다. 어떤 환자는 네팔 히말라야처럼 뾰족하게, 또 어떤 이는 베트남 하롱베이처럼 둥글게 봉우리와 골짜기를 이루며 굽이굽이 일렁거렸다. 선배의 그래프는 오르내리기 편한 동네 뒷산쯤 돼 보였다.

선배 왼편의 병상에서 한 할아버지가 자고 있었다. 심장의 수축과 이완이 위아래로 잔잔하게 파도치고 있었다. 두어 시간 뒤, 가물가물한 물결조차 풀리더니 모니터에 수평선을 긋기 시작했다. 의사와 간호사들이 다급히 달려왔다. 그의 가슴팍에 심장박동 소생기를 대고 충격을 주었다. 폭풍도 기적도 일어나지 않았다. 그의 심장은 꿈틀거리는 선조차 긋지 않았다.

그걸 지켜보던 선배의 눈길이 자신의 모니터로 향했다. 그리고 눈가에 눈물이 어렸다.

"아직 살아 있군. 퇴원하면 저 그래프로 디자인 한번 해봐야겠어."
"방금 험한 꼴을 보고도 일 타령이야?"
"널뛰듯 해야 사는 거야."

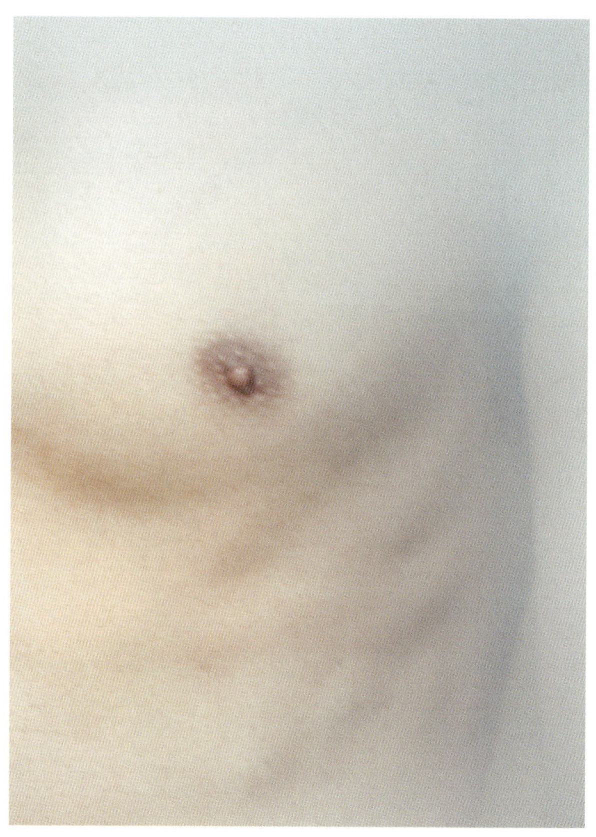

32

고추

날이 갈수록 음식이 매워진다.

눈물 콧물 쏙 빠지도록.

잊고, 마비시키고, 풀어 버리고 싶은 게 늘어나는 탓일까?

재료의 본래 맛이 나질 않는다.

음식을 먹는 게 아니다.

떠난 사랑을, 지겨운 밥벌이를, 스트레스를 먹는다.

잠시나마,

사는 맛조차 무감각해지고 싶다.

33
책

헌책방과 대형 서점, 인터넷을 돌아다닌다. 출판사로 발품을 팔기도 한다. 도서관에서 빌려 읽지는 못한다. 주운, 훔친, 뺏은, 받은 책들도 모두 내가 산 것인 양 모른 척한다. 동서고금의 양서와 영혼의 양식을 어디 한두 권 읽었나? 내 영혼과 행실의 몰골은 아직도 지지리 궁상이다. 저 많은 책을 다 읽었어? 눈 밝은 눈초리로 묻는 이들이 있다. 머리에 먹물이 든 놈의 장식용이라고 대답할 밖에. 집에 불이 나면 어느 책부터 챙길까? 한 권도 없다. 콩나물시루에 밤낮으로 끼얹은 물이려니 자위할 밖에.

이사하면서 책을 좋아하는 친구에게 절반가량을 분양했다. 애인을 의탁한 것 같아서 속이 쓰린데 포장이사 센터의 아저씨들은 무겁다며 일손보다 입술부터 내민다.

2년 만에 내보낸 만큼 들어왔다. 보고 싶은 책의 목록은 하늘의 끝을 모르는 넝쿨 식물이다. 한 번 이사하기가 무섭다. 마지막 숨을 닫는 순간까지 읽어도 다 읽지 못할 책들이 세상 곳곳에 숨을 열고 있어서 살맛이 난다.

모로코에선 한글은커녕 영어로 쓰인 책조차 구하기가 어려웠다. 내가 해독할 수 없는 아랍어와 스페인어, 프랑스어로 된 책은 많았다. 탕제에서 지브롤터해협을 건너 스페인으로 가야 했다. 배의 갑판에서 만난 독일인 여행자의

FALKEN
DROEMER

배낭 속엔 책의 눈동자들만 초롱초롱했다. 그도 나처럼 책 중독증, 활자 중독증에 걸린 듯하여 동병상련이라 함께 웃었다. 그가 건넨 한 권에 눈물이 날 지경이었다. 그가 일러준 세비야의 서점에서 산 책들이 불안을 잠재웠다.

광화문 교보문고가 내부 수리를 하기 전이었다. 한 여자의 하는 짓이 독특해서 변태처럼 멀찌감치 따라다니며 엿보았다. 그녀는 서가마다 유령처럼 옮겨 다니며 책을 한 권씩 들고 킁킁 냄새만 음미하였다. 그러곤 빈손으로 나갔다. 그녀의 뒷모습에서 맑고 섹시한 향기가 났다.

"네 손에 든 책, 나한테 줄 수 있어? 아직 덜 읽었다고? 몇 쪽이나 남았어? 여기 며칠이나 더 있을 거야? 가기 전에 다 읽고, 나한테 줄래?"

라오스 루앙 프라방의 왓씨엥통 사원에서 책을 구걸하던 한 소년은 나를 부끄럽게 했다. 다른 나라의 아이들처럼 돈과 음식, 옷을 구하는 것이 아니었다. 아이들이 읽어도 괜찮을 내용의 쉬운 영어 책이라 결말을 읽지 못한 채 주었다. 그게 마음에 무거운 짐이 되었다. 교과서까지 공책에 옮겨 적어서 돌려 보는 아이들과 나라가 많다. 언젠가 그들을 위해 작은 도서관을 꾸리고 싶다. 현지에서 한 몇 년간 살아 보면 그 아이들이 원하는 것과 필요한 책이 무엇인지 알게 될 것이다. 첫 삽은 아이들과 동네 주민들이 뜰 것이다. 책에게 진 신세를 그렇게라도 갚을 수 있으면 좋으련만 늘 생각과 말뿐이다.

34

모래알

“들어 보니 별것 아니네, 그냥 툭툭 털어 버려.”

주변 사람들은 그렇게 말하지만, 내 눈의 티끌은 남 눈의 돌보다 크고 아프다. 모래알 한 알갱이가 신발 속에 들어와 계속 걸린다. 여기저기 돌아다니며 발바닥을 찌른다. 신발을 벗어서 털어도, 양말을 벗어서 털어도 쉽사리 나가지 않고 안에서 맴돈다.

사람은 누구나 가슴속에 바윗덩어리를 하나씩 안고 산다. 한이 맺혔다는 것은 공부할 화두가 생겼다는 것이다. 한은 관조하지 않으면 속병이 된다. 안에서부터 나를 허물어뜨린다.

35

침대보

어쩌면, 그때 알아챘어야 했다.

그녀를 침대까지 끌고 들어오지 말았어야 했다.

쇼윈도에 불 밝힌 상품들은 내 욕망을 들뜨게 했다.

잘 빠진 사물들이 좋았다. 그녀 생각에 미친놈처럼 혼자서도 싱글벙글했다.

세상이 모르는 여신이자 꿀물을 멋진 차에 태워 호강시켜 주고 싶었다.

상품과 서비스를 좋아하지 않으면 카피라이터로 밥을 벌어먹는 게 좀 괴로울 수 있다. 광고는 사물에 대한 끌림과 설렘에서 비롯된다. 카피는 소비자에게 작업을 거는 꼬드김과 부추김의 언어다. 내 애인을 널리 알리고 싶어서 사내들끼리 시시덕거리는 새벽 술자리까지 그녀를 불러냈다. 근질근질한 내 손에서 나오는 연애담이 타인들의 기분까지 좋게 만든다고 여겼다.

하나의 제품을 보면 아이디어, 디자인, 기능, 품질, 가격, 제조사, 광고, 제품이미지, 타사 제품, 애프터서비스, 세일 정보까지 캐묻듯 분석하고 따지듯 비교한다. 물건을 살 목돈이 없으면 보는 안목이라도 있어야 한다. 한 친구는 내가 중이 되지 못한 이유가 못 말리는 물욕과 대한민국의 모든 절을 다녀 봐도 특색이 있는 기념품 가게가 없어서라며 놓친다.

광고 일을 그만두었다. 나는 사물과 광고를 사랑하지 않았다. 그게 사랑이었다면 시큼한 풋살구였을 것이다. 그녀가 떠난 파란 침대보 위에 긴 머리카락 몇 가닥이 떨구어져 있다. 그녀의 체온은 오래도록 식지 않을 것이다. 아직도 먼발치에서 그녀를 보면 아랫도리가 불끈거리지만, 그녀와 재결합하고 싶지는 않다. 꽃 시절의 서툰 엉킴과 뒹굶을 바라보는 거리감, 이 또한 헛헛하지 않은 눈부심이다.

36
때수건

봄은 우수와 경칩을 차례로 앞세워 곧 가리라는 전갈만 보낸다. 여전히 두터운 구름 너머에서 더딘 외출 준비를 한다. 김정은 조선로동당 제1비서는 대동강을 풀리게 할 수 있을까? 보일러의 실내 온도를 좀 더 올린 방 안, 창밖의 쌀쌀맞은 비가 전신을 무겁게 적신다.

집 안 욕조를 놔두고 동네 사우나로 가는 것은 때를 밀기보다 휴식이 목적이다. 때수건을 사서 직접 전신의 때를 밀고 나면 피부의 오물만 빠지는 것이 아니라 진이 빠진다. 쉬는 날에 남의 밥벌이 일터로 와서 남의 연장을 들고, 무임금 중노동을 자청하는 것 같아 마땅찮다. 목욕관리사로 호칭이 바뀐 때밀이에게 몸을 맡기는 것이 속 편하다.

온탕에 몸을 담근다. 여러 연령대의 사람들이 육신이 늙어 가는 과정을 무심하게 드러내며 냉탕과 열탕 사이에서 엉거주춤한다. 인간은 아직 진화 중이다. 때를 밀기 위해 기다리는 사물함 열쇠 팔찌들이 귀엣말을 나눈다. 단골 목욕관리사가 눈인사를 건넨다. 다른 분이 해도 괜찮겠느냐고 묻더니 바로 누군가를 불러들인다. 그는 오늘이 첫 출근 날이고 나는 첫 손님이다. 스물두 명의 직원을 두었던 회사를 운영하다가 부도를 맞은 가장이란다. 넋두리 몇 마디로 입맛 껄껄한 상처를 개운하게 헹궈낼 수 있으면 좋으련만. 나는 낯선 이에게 알몸을 보이고 그는 속내를 스친다.

신입 목욕관리사의 때수건은 처음부터 어디로 헤엄쳐 나갈지 물길을 잃는다. 그는 내 몸뚱이가 가자미가 되도록 때수건에 자신의 온 힘을 싣는다. 뼈가 튀어나온 마디마다 턱턱 걸린다. 내가 쓸 연장이 아닌 것 같아 전문가에게 때수건을 맡겼는데 그가 들었던 것은 사포였다. 때수건은 결 다른 앎을 함께 직조한 사물이다. 목욕관리사에게 지식은 때 미는 재주, 지혜는 몸과 나누는 손짓말이다. 차이는 때수건을 쓰는 이의 손에 달려 있다.

탈의실에서 물기를 말린다. 마른 수건이 스치는 부위 곳곳에 살을 에는 북풍이 인다. 피부가 벗겨져 쓰린 자리마다 울긋불긋 때 이른 봄꽃들이 핀다. 추위에 움츠린 모공을 활짝 열어서 봄바람을 스며들게 하려다가 된통 꽃샘추위를 맞았다. 성급한 봄맞이 값을 치르고 나온다. 곧 신입 목욕관리사의 손끝에도 푸른 이태리타월만 한 잎사귀가 피겠지. 전남 화순 운주사에서 와불을 어루만지던 할매 보살의 손바닥이 되겠지.

37
내파란 세이버스

십 년 전부터 짐바브웨 노튼의 빈민 아이들과 그들을 보살피는 메리놀 수녀회의 박치영 수녀님을 후원하는 작은 모임을 꾸리고 있다. 다음 사이트에 '내파란 세이버스'란 카페가 있다. 현지 소식의 업데이트, 회원들을 위한 모임, 우편물 발송, 소득공제서도 없다. 그래도 회원들은 꾸준히 후원금을 입금하고, 또 다른 후원자와 독지가들을 소개한다. 이들 덕분에 해마다 가난한 아이들이 공부한다. 에이즈를 비롯한 여러 질병에서 조금씩 멀어진다. 영양실조를 면하고 있다. 도움에는 단기전과 장기전이 있다. 아이들의 꿈과 희망에 대해서 말하려면 또 다른 십 년이 더 필요하다. 그들이 성장하고 자립한 모습을 봐야 알 수 있다.

후원금을 모금하기가 쉽지 않다. 형식과 규모를 갖춘 모임은 현지의 행동대장인 수녀님이 마다한다. 내가 썼던 책들 가운데 한 권의 인세는 모두 노튼으로 갔다. 또 다른 한 권의 수익금은 노튼과 타이 치앙마이 근처의 고산족 아이들에게 반반씩 갔다. 이를 밝히는 것은 얄팍한 기부금으로 도덕적 우월감을 사려 했던 정신적 허영에 대한 참회다. 알량하게 선심을 쓰려던 어처구니의 속셈과 교만에 대한 고해성사다. 내가 누구에게 뭘 준다는 생각을 버리면 받는 이의 마음도 편할 것 같다. 주고받음은 서로를 위해 각자가 내는 더치페이와 같다.

ox 파일 편집 보기 이동 북마크 도구 창 도움말
내파란 세이버스 My Blue Savers |
내파란 세이버스 - Daum 통합 검색
내파란 세이버스 My Blue Savers |...
cafe.daum.net/MyBlueSavers/IK95/45?docid=Yg05|IK95|45|20040512182340&q=%B3%BB%C6%C4%B6%F5+%BC%BC%C0%CC%B
자주 방문 순
Firefox 시작 하기
최신 뉴스 보기
애플컴퓨터코리아
야후! 코리아
위키백과
뉴스
Da
내파란 세이버스 My Blue S

2011년 12월, 영국에 본부를 둔 국제구호재단 CAF(Charities Aid Foundation)가 '2011년 세계기부인덱스(World Giving Index)'에 발표한 것을 따르면, 전 세계 153개국 중에서 한국인의 기부 비율은 57위였다. 우리나라 사람들이 못사는 나라들이라고 얕보는 스리랑카는 8위, 타이는 9위, 라오스는 10위였다. 사람은 자신에게 잘해 주는 타인을 철이 들었고 좋은 사람이라 한다. 정신적이든 물질적이든 자신에게 직접적인 이득이 생기는 일을 좋은 일이라 한다. 한 개인이 인간의 근본 속성을 넘어서기는 어렵다.

내 물질을 남과 나누자고 하니까 선뜻 내키지 않을 수 있다. 붓다는 재물이 없어도 남에게 베풀 수 있는 일곱 가지의 보시를 설했다. 밝은 얼굴로 대하기, 좋은 말 하기, 어진 마음을 갖기, 긍정의 눈으로 바라보기, 몸으로 봉사하기, 차례나 자리를 양보하기, 말하기 전에 헤아려 주기가 있다. 보시는 자신을 위해 가장 크고 효과가 빠른 복을 짓는 것이라고 한다. 나한테 돌아오는지 어떻게 아느냐고 묻는 이들이 있다. 신과 복이라는 것이 있든 없든 부메랑은 되돌아온다고 여기는 게 그나마 세상이 살 만하지 않을까? 이런 게 일시적으로 기부금을 내는 것보다 일상적으로 하기 어려운 마음의 씀씀이 같다.

38
자전거

'날 움직이게 하고 싶으면 너도 움직여.' 자전거와 인간은 평등하다. 갑을, 상하, 주종 관계가 아니다. 자전거에는 운행할 수 있는 기본 시스템이 있다. 인간은 페달을 가동하는 원동력을 제공한다. 내 육체의 직접적인 근육 활동과 정서적인 연대가 필요하다. 사물과 인간이 서로 상부상조하는 것이다.

자전거를 타고 한강 둔치를 달리다 보면 내 체력과 인내력의 한계치가 몇 마력이나 되는지 체험한다. 장딴지와 허벅지가 뻐근하도록 밤에 달리다 보면 내가 에너지와 빛을 생산하는 발전소가 된다. 자전거와 내가 일심동체로 자체 발광하는 신비로운 동물이 된다. 핸들에서 손을 떼고 두 팔을 가로로 쭉 펴고 코너를 돌 때는 유랑서커스단의 곡예사가 된다.

무인화와 디지털화가 심화할수록 미래의 인간은 사물의 자동인형이 될 것이다. 우주적 농담 같은 미래까지 갈 것 없다. 이미 오래전부터 기계문명에 저항하는 인간의 모습들이 늘어나고 있다. 운동선수도 아닌 일반인들이 헬스클럽에서 근력을 다진다. 홈리스도 아닌데 캠핑을 한다. 두뇌노동자들이 집에 각종 공구를 갖춰 소품을 제작한다. 택배 서비스로 시골에서 거친 음식을 주문해 먹는다. 기원전 혹은 농경사회의 생활방식을 습득하려 한다.

빠름과 편리함을 담보로 사물에게 넘겨준 인간의 권리와 권력을 되찾는 과정이다. 후진국과 개발도상국, 한국처럼 애매한 중진국일수록 회복 기간이 좀 더 걸린다. 앞서 간 몇몇 나라의 시행착오는 경제 성장의 단맛에 건너뛸 선례로 받아들여지지 못한다. 언젠가 지구의 자연환경은 재생 불능이 되고, 사용이 가능한 에너지 자원은 고갈될 것이다. 미래에는 튼실한 근육을 지니고 제 손으로 뭐든 하는 육체노동자가 가장 선망을 받는 고급 인력이 될 것이다. 기술의 과함이 없이 '적당히'의 손맛이 살아 있는 자전거와 같은 사물은 또 뭐가 있을까?

39
좀약

세탁소에서 드라이클리닝을 하고, 비닐 커버를 씌운 채 몇 년간 걸어둔 겨울 외투에 좀이 슬었다. 옷은 옷장에 가만히 있지 못하고 나다닌다. 빼곡히 걸린 옷들은 외출할 날을 손꼽아 기다린다. 사람은 늘 입고 나갈 마땅한 옷이 없다며 옷장 문을 꽝꽝 닫는다. 이골이 난 헌 옷들은 텃세를 부리고, 새 옷은 비비고 들어갈 틈을 찾느라 티격태격한다. 그 꼴을 보다 보다 참지 못한 옷장이 슈퍼마켓에서 산 좀약을 몇 알씩이나 삼킨다. 독한 냄새를 풍기며 경상도 말로 한마디 한다.

"쫌!"

표준말은 좀, 조금이다. 은근한 부탁, 단호한 거절 또는 종지부를 찍는 데 활용한다. 옷장을 열 때마다 옷 욕심에 좀이 쑤신다. 나고 죽을 때는 한 벌씩이다. 사는 동안에는 줄이고 줄여도 수십 벌이다. 좀약은 옷장이 아니라 먼 길 가는 관에 넣어야 한다. 화장하면 그마저도 필요가 없을까?

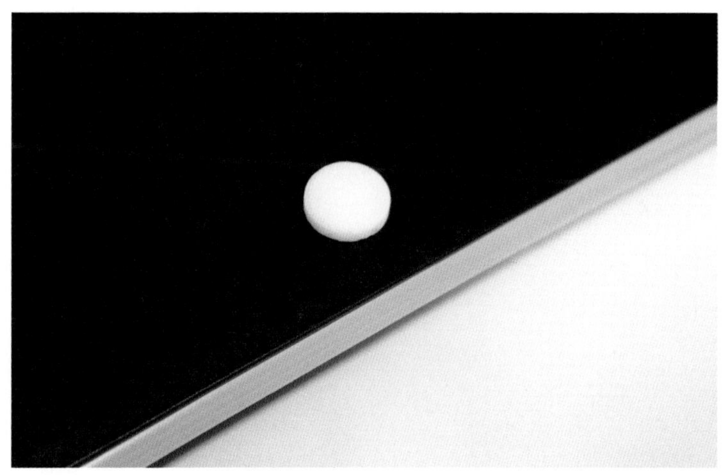

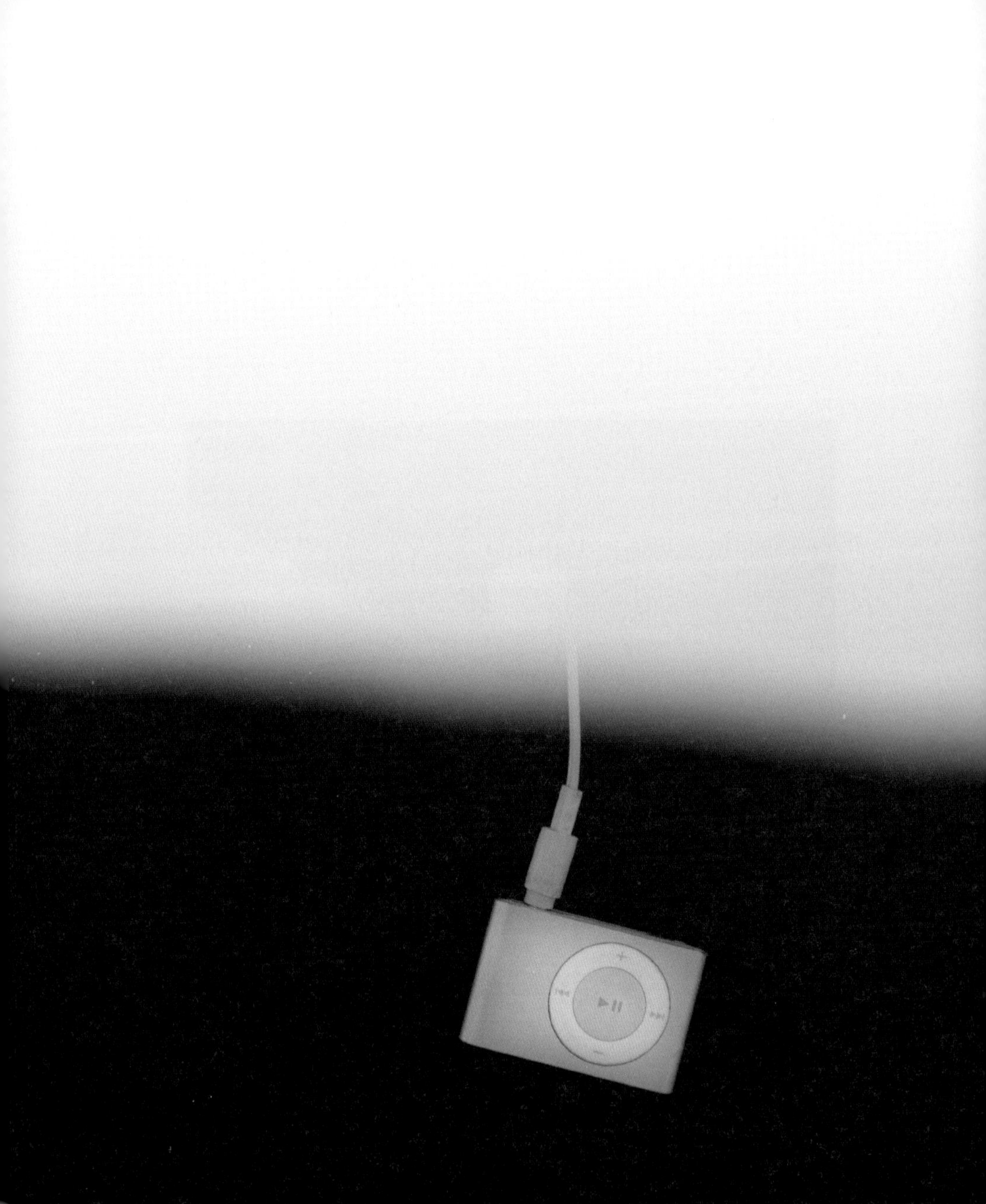

40
MP3 플레이어

아이팟 셔플의 첫 모델, 기능이 단순하다. 깨친 자들의 한 마디처럼 쉽고 간결하다. 소리의 높낮이 조절, 앞뒤 곡의 넘김, 시작과 멈춤의 기능이 전부다. 액정화면이 없어서 듣고 싶은 곡을 고를 수 없다. 내 의지와 상관없이 들려주는 대로 무작정 듣는다.

삶은 살아 있는 변화무쌍한 생명체다. 뜻대로 생각대로 되지 않는다. 사는 건 세상의 음정 박자를 따라가지 못하는 음치, 이리 치이고 저리 부대끼는 몸치, 다사다난한 일 년을 마음대로 부릴 수 없는 기계치의 노력이다. 굳이 세상에 맞추거나 맞설 필요가 있을까? 따라 해야 할 타인이, 완성해야 할 내가 있는 것이 아니다. 사주팔자니 운명이니 하는 완전무결한 인생 프로그램은 우주의 운용자만이 알 것이다.

인생은 복불복이라는 아이팟 셔플의 단순무식하고 용감무쌍한 낙천주의가 점점 좋아진다. 하지 않아도 무관한 의무들, 가지지 않아도 대수롭지 않은 권리들로부터 나를 해방시켜 준다.

41
액자 자국

그림이 걸려 있던 벽,
액자가 난 자리에
시간의 붓질이 생겼다.
그림과 한몸이었던 여백이 홀로
벽화가 되었다.
뭇사람들의 시선에 그을린
사물의 피로,
액자는 사라져도 가슴 먹먹한
수묵화를 남긴다.

42

우편함

한 시간 동안 전화로 수다를 떤다. 온종일 문자로 메시지를 교환한다. 한 달 내내 실시간으로 소셜미디어에 사진과 짧은 문장을 날린다. 언제 어디에 가서 무엇을 하고, 왜 누구를 만나서 어떻게 하는지 툭툭 던진다. 자신의 일거수일투족을 생중계한다. 서로 끔찍이 사랑한다.

"남은 이야긴 이따가 해."
"그래, 중요한 이야긴 만나서 하자."

드디어 만난다. 서로 벌써 알고 있는 이야기에 살을 덧붙이거나 재탕한다. 남은 국물로 한자리에 없는 이를 위해 탕을 끓인다. 중요한 이야기는 까먹거나 말하지 않는다. 사실 중요한 건 아예 없었다.

대화법은 만나기 전과 똑같다. 툭툭 던지는 식이다. 상대가 공을 받는지, 안 받는지 상관없다. 혼자 치는 골프다. 홀로 자신의 드라이버 비거리에 장쾌함을 느끼며 호연지기를 맛본다. 감탄사의 추임새와 유사어의 맞장구만 있으면 잠깐의 회동은 대만족이다. 전문적인 말로, 훌륭한 쌍방향 커뮤니케이션의 실현이다.

비싼 쓰레기봉투만 축내는 광고물, 자동 이체 신청을 하지 않은 세금고지서, 요금청구서가 넘치는 우편함. 외국 건축 잡지를 보고 만든 광나는 대문의 스타일을 망가뜨리는 촌스러운 액세서리다.

"너, 순진한 거니? 멍청한 거니?"
"잠깐만, 나 문자 왔어. 확인 좀 할게."

43
타자기

한 친구가 국립의료원에 근무하고 있어서 종종 찾아갔다. 2010년부터 보건복지부 산하에서 특수법인 국립중앙의료원으로 바뀌었다. 친구는 지방의 한 보건소로 전근을 갔다. 수많은 병원 텃새들이 전국으로 새로운 일자리를 찾는 철새가 되었다. 국가공무원 신분이라 자기 목소리 한 번 내지 못했다. 최근엔 '서민공공병원'을 매각하고 철거할 예정이라는 기사까지 떠돈다. 병원 안에 있던 스칸디나비아 레스토랑의 청어절임을 어디에서 맛볼까?

남아프리카공화국 케이프타운의 한 병원에서 간호보조원으로 3개월간 자원봉사를 했던, 나와 함께 아프리카를 여행했던 그린란드와 덴마크 여자아이들이 보고 싶다. 가난한 이들에게 작은 도움이라도 보태고 싶었다는 그녀들. 전쟁의 상처를 입은 사람들이 넘치는 한국으로 의료봉사를 왔던 스웨덴, 노르웨이, 덴마크의 젊은 의사들도 같은 마음이었을 것이다. 남수단에 인술을 심었던 이태석 신부님의 마음씨는 얼마나 잘 자랄까? 종종 사람보다 사물이 더욱 오랫동안 첫 마음을 유지한다. 사물의 지고지순한 애정이 질릴 때도 있지만, 그만큼 안심과 위로를 주는 것 또한 드물다. 사물과 인간은 연애 시절엔 패권 다툼을 하다가 결국엔 속 깊이 정든 늙은 부부가 된다.

야전병원과 국립의료원에서 사용했던 레밍턴 타자기가 여러 사람의 소유를 거쳐 내 책상에 놓여 있다. 이 타자기는 한국전 이후 총기류까지 팔았던 레밍턴랜드의 사장이 된 더글러스 맥아더보다 더 믿음직하다. 용도 폐기를 처방

받고 뒷전에 물러난 타자기에는 신제품 아이패드와 전혀 다른 가치가 있다. 시장에서 거래되는 골동품은 역사성과 희소성, 보관 상태에 따라 가치를 매긴다. 한 개인의 손때 묻은 사물은 감정평가서나 진품보증서가 없어도 지문의 값어치가 닳지 않는다.

스칸디나비아 3국 중 어느 나라의 어떤 의사가 사용하던 타자기일까? 그녀 혹은 그의 이름은? 내 손에 들어온 지 몇 년이 지났지만 내 것이 아닌 것 같다. 나와 연결고리가 없는 골동품은 장식품에 불과하다. 임자를 찾아 주거나 사물과 나 사이의 새로운 역사를 만들어야 한다. 레밍턴랜드 사의 콰이어트 라이터를 사용했던 이를 만나면 경청 보시를 할 것이다. 그 젊은이들이 톡톡 쓴 연애편지와 일기, 진단서와 처방전도 찬찬히 읽어줄 것이다. 청춘이 사투를 벌였던 한때와 장소 그리고 내 곁에 있었던 사물은 쉽사리 잊히지 않는다.

44
향

"생일 축하합니다."

해의 테두리가 가장 잘 선명할 때는 뜰 때와 질 때다. 사람의 존재감이 가장 잘 보이는 때는 태어날 때와 죽을 때다. 생일과 기일은 한 사람이 살았던 과정을 존경하는 날이다. 한 사람이 일 년간, 평생 살 수 있었던 것은 알게 모르게 수많은 사람, 사물, 세상의 보살핌과 도움이 있었기 때문이다. 이에 감사하는 날이다. 내 능력과 노력, 의지력만으로 가능했던 것이 아니다.

"명복을 빕니다."

45

밥그릇

"극우 꼴통들이란!"

"좌빨 꼴통들아!"

한국 사회에서 좌와 우를 기본 양념으로 한 음식은 삼겹살에 소주처럼 변함없이 대중의 지지를 얻는 메뉴다. 꼴통이 뭘까? 시골에서 어린 시절을 보낼 때 꼴통은 소의 밥그릇 즉 여물통을 이르는 말이었다. 소에게 먹일 풀을 뜯어 담는 가방은 꼴망태라고 불렀다. 꼴통의 사전적 의미는 '머리가 나쁜 사람을 속되게 이르는 말'이다. 꼴은 '사물의 됨됨이나 모양새, 어떤 형편이나 처지 따위를 낮잡아 이르는 말, 소나 말에게 먹이는 풀'이다.

공산주의와 자본주의는 밥그릇에 대한 정치적, 사상적, 철학적 시각과 해석이다. 진보와 보수, 좌파와 우파가 제대로 여물지 못하고 어설프게 흉내만 내면 꼴통이 된다. 사람이 끼니마다 밥 담아 먹는 그릇이 여물통이 된다. 요즘 세상에 꼴통이, 반듯한 왼손잡이와 오른손잡이가 있을까?

새로 들인 나무 밥그릇은 채식하는 내게 뭐라고 할까? 고기는 안 먹는 게 아니라 못 먹고 달걀과 유제품, 해산물을 먹는 페스코 베지테리안이다. 나는 좌파일까, 우파일까, 중도파일까? 채식주의도 여러 계파가 있다. 가장 엄격한 이는 동물성 음식을 먹지 않을 뿐 아니라 동물성 제품까지 사용하지 않는 비건이다. 주로 채식하지만, 때로 육식도 하는 플렉시테리언까지 있다.

좌와 우는 서로 무엇이 두려울까? 분단국가의 트라우마일까? 서로 마음에 들지 않아 꼴 보기가 싫은 것이다. 입맛에 맞지 않아 밥상을 뒤엎는 것이다. 온전한 좌와 우, 일품요리를 가진 계파의 가짓수가 많을수록 정치에 문화란 단어를 붙일 수 있지 않을까? 우리나라 역사엔 서로를 키운 당파가 많다. 한식은 코스 식의 양식과 다르다. 먹고 싶은 대로 골라 먹어도 되는 한상차림의 오랜 전통이 있다.

46
계단

한 단씩 밟든

한꺼번에 두 단씩 밟든

오르내리는 건 마찬가지다.

경사진 곳이든 평평한 곳이든

힘드는 건 한가지다.

걸어도 걸어도

여기가 어딘지, 거기가 어딘지?

그저, 걷고 또 걷는다.

SUN MON TUE WED THU FRI SAT
1 2 3 4 5 6
7 8 9 10 11 12 13
14 15 16 17 18 19 20
21 22 23 24 25 26 27
28 29 30 31

47

달력

열두 달 가운데 유월이 지나간다. 한국인의 평균수명은 팔십 세가 넘는다. 일 년과 평생의 절반을 사는 동안 먹고살기 위해, 돈을 벌기 위해, 욕망을 채우기 위해, 꿈을 이루기 위해, 자아를 보호하기 위해 지은 죄가 많다. 눈, 귀, 코, 입, 손발, 몸짓, 표정, 태도, 기분, 생각, 마음, 말, 글로 지은 죄가 많다.

검사와 변호사는 모른다. 내 죄는 내가 안다. 나머지 절반은 죗값을 치르듯이 살면 비명횡사를 해도 홀가분할 것 같다. 세상에 지은 크고 작은 죄들을 모른 척할 수가 없어서. 그게 나를 아프게 해서.

48
Cursor

"세 시에 영화 보러 갈까?"

"두문불출 중. 빨리 원고 끝내고 여행하려고."

현재, 99가지의 사물들과 대화를 나누면서 자아성찰을 하고 있다. 그렇지만 실생활의 반응은 늘 이런 식이다. 성인군자인 척하면서 구차하다. 청렴결백한 척하면서 구리다. 왜 글을 쓰고 있는 이 시간을, 물리적으로 필요한 이 기간을 즐기지 못할까? 하루바삐 마지막 문장의 마침표를 찍으려고 안달을 부린다.

사람은 현재를 긍정한 적이 드물다. 고3 수험생은 당장 대학생이 되기를 원한다. 대학생은 졸업하기도 전에 취업해서 사회인이 되기를 바란다. 신입 사원은 내일이라도 초보 딱지를 떼고 실장님이 되고 싶어 한다. 직장인은 월요일 아침부터 금요일 저녁을 학수고대한다. 사람은 제 나이를 좋아한 적이 드물다. 청소년은 어서 어른이 되기를 바란다. 어른은 그때 그 시절이 좋았다고 한다. 젊은이는 나이 든 이의 여유를 부러워한다. 나이 든 이는 젊은이의 청춘을 질투한다. 지나치게 미래 지향적이거나 과거 지향적이다. 현재는 쓸모가 없고 존재하지 않는 듯하다.

이 순간, 생각하느라 잠시 타이핑을 멈추니 화면의 커서가 깜박깜박하며 나를 노려본다. '지금 쓰고 있는 글이나 똑바로 쓰라'고 호통을 친다. 내 얼굴에 연타로 주먹을 날린다. 입력할 자음과 모음의 위치를 에누리 없이 알려 준다. 바로, 지금!

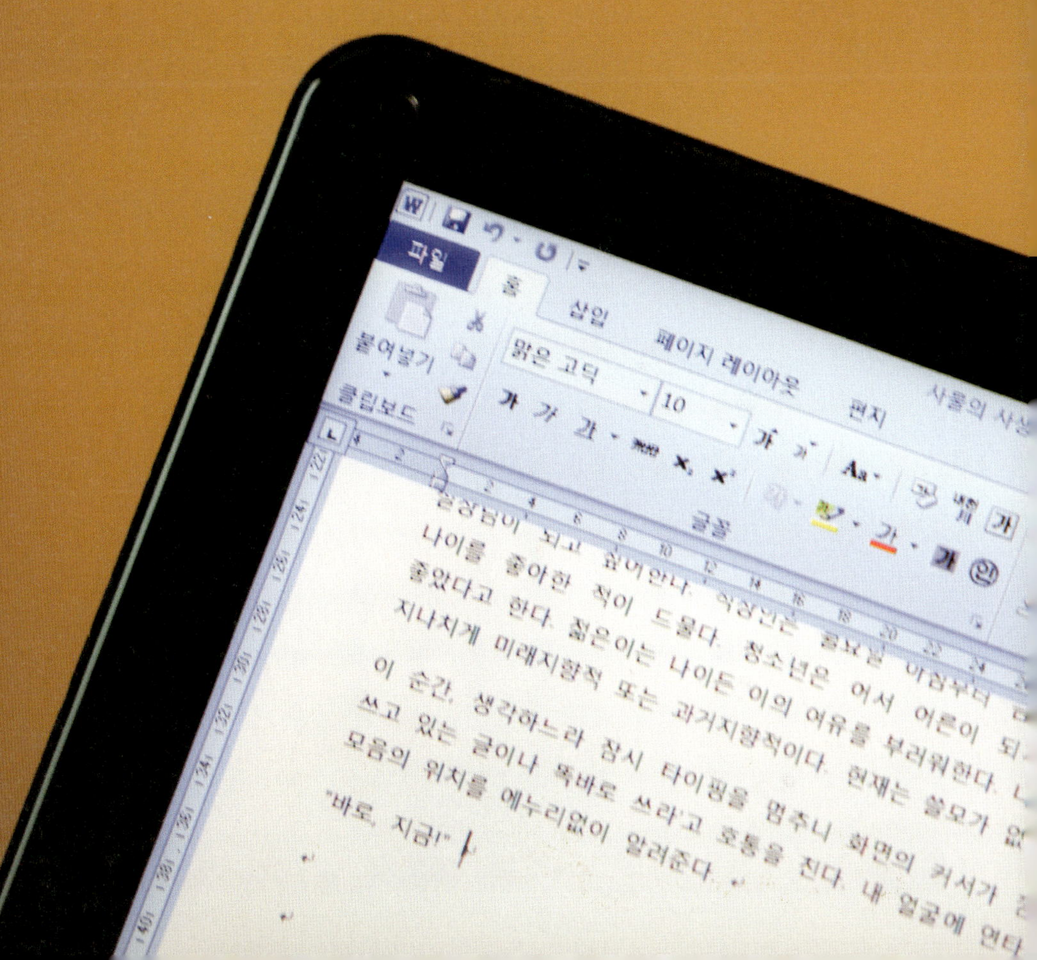

49

마뜨료쉬까

내가 행복하다는 건, 그럴 수 있는 여건이 된다는 건, 나를 겹겹이 둘러싼 나 아닌 그 무언가가 있기 때문이라는 것. 그것들이 나를 행복하게 해준다는 것. 내가 소중하면 세상도 소중하다는 것.

친구 애인 가족 밥 김치 된장국 커피 차 술 속옷 양말 모자 일 휴가 여행 집 회사 공공시설 카페 레스토랑 클럽 야구장 축구장 자전거 기차 비행기 책 영화 음악 그림 사진 수첩 노트북 핸드폰 산 들판 바다 햇살 바람 눈 강아지 고양이 해 달 별 풀 꽃 나무 우리나라 이웃 나라 먼 나라 마을 국가 지구 태양계 우주…
인형 밖의 인형 밖의 인형…

50
영수증

물건을 모으지는 않지만, 영수증은 버리지 않는다. 그렇다고 경제관념이 뚜렷한 것도 아니다. 무언가를 하거나 사고 신용카드로 지불하면 한 달 뒤 사용내역서에 종합선물세트가 줄줄이 딸려 나온다. 카드보다 현찰이 물물교환하는 것 같아 덜 머쓱하다. 개별 품목이 따로 적힌 영수증에 입맛이 당긴다.

내가 멸치국수를 즐겼는지, 에스프레소를 마셨는지, 누드 잡지를 탐독했는지, 경전에 침 흘렸는지, 남산공원을 걸었는지, 이태원 클럽을 뛰었는지, 영동고속도로 휴게소에서 담배를 피웠는지, 교토 편의점에서 오니기리를 먹었는지, 동네 사우나에서 쉬었는지, 으슥한 타이 마사지숍에 누웠는지…

더 이상 말하고 싶지 않은 온갖 시시콜콜한 사적인 행각이 영수증을 뒤지면 다 나온다. 영수증은 사물의 개인 전용 회계사이자 집요한 형사다. 누가 자신을 쓰든 스스로의 쓰임새를 확인하고 기록한다. 오래된 영수증은 공소시효가 지난 범죄까지 묻는다. 범행의 구체적인 때와 장소를 술술 털어놓게 한다.

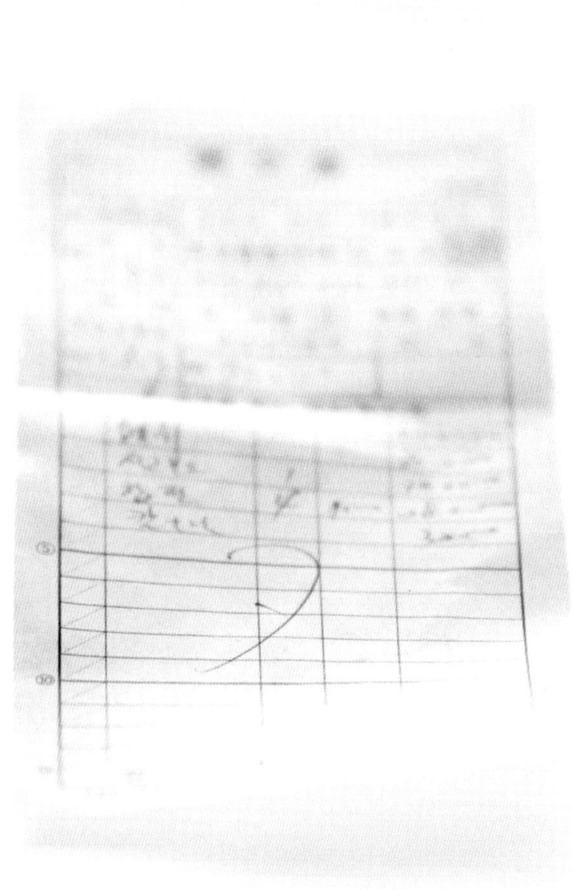

영수증은 2009년 4월부터 발행되지 않는 짐바브웨의 세계 최고액권 달러를 보는 듯하다. 수도 하라레의 국제공항 면세점과 빅토리아폭포 같은 관광지의 길거리에서 여행자들에게 저렴한 기념품으로 팔리고 있다. 화폐의 무수한 동그라미 개수는 한 달간 자원봉사했던 빈민 지역, 노튼 아이들의 절망만큼이나 이방인이 헤아리기 어렵다. 영수증은 환전할 수 없는 지나간 역사일까?

한 집단과 나라에서 통용되는 상식과 우스개가 다른 곳에선 몰상식과 뜬금없는 소리가 된다. 영수증은 내가 사들인 품목의 가짓수만큼이나 가치의 다양한 적용 기준을 말해 준다. 또한, 영수증은 적혀 있는 금액이 아무런 가치가 없음으로써 자신의 가치를 드러내는 화폐다. 존재하는 0의 세상을 보여 준다.

51

젖꼭지

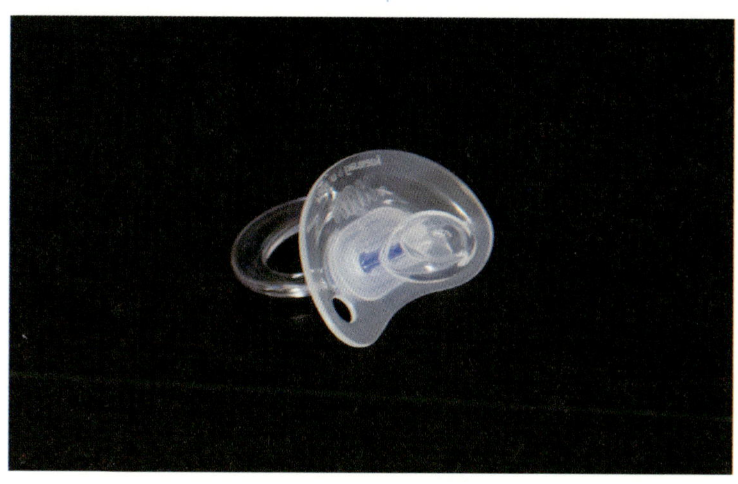

조카가 어릴 때 버린 플라스틱 젖꼭지.
사물의 모성은 인자하고 또한 잔인하다.
사람은 평생 사물의 마마보이가 된다.
사람이 사물로부터 젖떼기를 하는 시기는 언제쯤일까?
한번 물기 시작한 젖꼭지는 입에서 떨어지지 않는다.
사물은 점점 완벽한 성자가 된다.
사람은 점점 육체와 정신이 부실한 유아가 된다.

52

열쇠와 자물쇠

자물쇠: 나를 열 수 있는 이는 너뿐이야.

열쇠: 내게 맞는 건 너밖에 없어.

이런 관계는 하이파이브다. 나의 손가락 다섯 개와 너의 손가락 다섯 개가 합쳐져서 딸깍, 마음의 문을 여는 것이다. 종교로 보면 천주교, 유대교, 기독교, 이슬람교에서 말하는 신과 인간의 관계다.

번호자물쇠: 열쇠와 자물쇠는 내 안에 있어.

디지털도어록: 잠그고 여는 것, 나 혼자 알아서 해.

이런 관계는 참선이다. 엘리베이터를 타고 단박에 깨닫든, 계단을 오르며 차츰 닦든 스스로 마음의 문을 여는 것이다. 종교로 보면 힌두교, 자이나교, 불교, 시크교에서 말하는 우주와 인간의 관계다.

제주도에는 대문인 동시에 자물쇠와 열쇠의 역할을 하는 것이 있다. 자물쇠는 각각 세 개의 구멍을 뚫어 양쪽에 하나씩 세운 돌기둥이다. 열쇠는 세 개의 나무 막대기다. 종교로 보면 열고 닫을 마음의 문이랄 것도 없는 원시신앙 혹은 천진한 사람살이라고 할까?

53

블라인드

부채질하기엔 이른 초여름, 창문을 열어둘 때가 많다. 합성수지로 만든 흐릿한 블라인드를 친다. 이웃 간 열림과 닫힘을 조절하는 관계의 미학이다. 안이 밖을 묻지 않고, 밖이 안에 대해 말하지 않는다. 공간들이 얇은 막을 사이에 두고 서로 사생활을 존중하며 공존한다.

블라인드를 거쳐 들어오고 나가는 냄새와 소리는 상상력 놀이를 선물해 준다. 옆집에서 끓는 냄비엔 어떤 생선이 들어갔을까? 하이힐을 신고 골목을 걷는 여자는 어떻게 생겼을까? 엔진 소리를 내며 주차하는 앞집의 자동차는 어떤 모델일까? 마치 블라인드 테스트를 하는 것 같다. 눈과 입은 닫고, 코와 귀를 열어 사물을 만져 보고 실체를 파악해 본다.

창밖으로 고개를 내밀고 훔쳐보는 것은 반칙이다. 스스로 통찰하는 것을 체험하는 게 묘미다. 며칠 잊고 지낸다. 집으로 돌아오는 길에 우연히 앞집에서 주차하는 차를 본다. 내 마음이 그린 것과 일치하면 미소를 짓는다. 사물에 대한 알음알이를 지운다. 일종의 사이비 생활참선이다.

54

시계

"스님, 시간이 안 맞네요."

"그냥 둬라."

"배터리를 바꾸든 수리를 하든 해야겠어요."

"그놈이 뭐라고 하더냐?"

"고장 난 시계를 뭐하러 걸어 놓으셨어요?"

"저래 봬도, 하루에 두 번은 꼭 맞는다."

경남 고성 천황산 안국사의 나무 보일러실 입구에 걸린 둥근 벽시계. 계절의 간격을 두고 찾아갈 때마다 면벽수행하던 첫 자세 그대로다. 멈춘 시계도 시계다. 어수룩한 시계가 서로 다른 존재들에게 어느 시간대에 맞춰 사는지 묻는다. 상대방과 시차를 극복하고 마음의 경도 0에 딱 맞추려면 지구를 몇 바퀴나 돌며 참선해야 할까? 그런데 그 시계가 가리키는 시각은 오전 다섯 시 21분일까, 오후 다섯 시 21분일까?

"네가 오전이면 시계도 오전이고, 네가 오후면 시계도 오후다."

영국 그리니치 천문대에 가면 마음이 관측될까? 도 닦는 수도사도, 돈 닦는 속세인도 하루에 한 번 마음 맞추기가 어렵다. 또 서랍 속에서 헤매는 고장 난 시계들은 내게 무엇을 일러 주려는 걸까?

55

도마

세상의 갖가지 생들이 윤회의 정거장에 모였다. 마늘과 감자는 땅속에서 왔다. 배추와 고추는 들에서 왔다. 버섯과 고사리는 산에서 왔다. 갈치와 고등어는 바다에서 왔다. 팔도강산과 방방곡곡에서 왔다. 치즈와 햄, 소시지는 전 세계에서 왔다.

삶의 전환점에서 다듬고 씻고 깎고 자르고 썰고 다지며 한 생을 정리하고 또 다른 생을 준비한다. 송송, 탁탁, 쓱쓱, 살강살강 서로가 살아온 이야기를 나눈다. 밥솥, 프라이팬, 냄비, 전자레인지, 오븐, 저마다 타고 갈 차를 기다린다. 그 차에서 내리면 제각기 음식으로 그릇 위에서 다른 모습으로 환생한다.

세상의 생들이 도마 위를 경유하고 지나간다. 터닝포인트는 어디일까? 삶을 곧은 직선이 아니라 둥근 원으로 보면 반환점이랄 것이 없다. 지구가 둥글다는 것은 갈릴레오도 알고 위성항법장치도 안다. 사는 곳이 작고 평평한 도마 같아서 그 사실을 잊고 산다. 선을 이루는 점들을 하나씩 더하며 지나간다. 다만, 간간이 큰 점을 하나씩 놓으면 다음에 찍을 점들의 영역이 줄어든다.

56

샤워커튼

아침저녁 비무장지대로 들어간다. 금세 안개로 자욱하게 뒤덮이는 곳을 자유자재로 넘나든다. 운동하느라 땀을 많이 흘렸거나 먼지를 뒤집어썼을 때에도 건너간다. 사랑을 나누기 전후에 곧장 뛰어 들어가는 요원들도 있다.

이곳은 집 안에서 체류하는 시간이 가장 짧은 곳이지만, 어디보다도 은밀한 평화지대다. 국경수비대와 출입국 관리 사무소, 세관원도 없다. 욕실 한 귀퉁이는 플라스틱 봉 하나에 샤워커튼으로 가로 150, 세로 180센티미터의 어수룩한 경계선을 두른 생태보전지구다.

DMZ는 무장이 금지된 지역이라 군대 주둔과 무기 배치를 할 수 없다. 일단 협정에 따라 속옷까지 벗고 무장해제 상태로 들어간다. 내 임의대로 비누와 샤워젤, 페이셜클렌징 따위의 용품을 설치한다. 나 혼자서 분쟁할 일이 드물어 남방한계선과 북방한계선조차 애매한 안전지대다.

세계엔 영토(동서남북의 지역 간, 나라 간, 국경 간 지역영유권, 섬 관할권), 정치(정부와 반군, 외부 세력과 내부 세력, 분리독립운동, 부족 간 패권), 이념(독재와 반독재, 공산주의와 민주주의), 이권(생산물취득권, 지하자원채굴권), 종교, 인종 갈등으로 수많은 분쟁 지역이 있다. 대한민국도 그중 하나다. 남북으로 갈라진 나라는 사이프러스와 수단도 있다.

자신의 수줍음과 부끄러움을 가리던 손이 남을 치는 주먹이 되었다. 나무와 돌담은 철과 콘크리트 장벽으로, 두려운 시선은 감시 카메라로 바뀌었다. 종전이 아니라 휴전한 틈바구니, 비무장지대를 다녀온 후 샤워를 한다. 샤워커튼이 보름간 여행을 멈추게 했던 팔레스타인 난민보호소의 임시 천막처럼 느껴지는 건 왜일까?

민간인 통제구역을 포함한 DMZ에는 국제보호종과 멸종위기종, 천연기념물 등 다양한 야생 동식물이 살고 있다. 한반도에서 서식하는 2,900종의 식물 중 3분의 1, 70여 종 포유류 중 2분의 1, 320여 종 조류 가운데 5분의 1이 발견되었다. 내국인 단체 관광객과 외국인 여행자들이 겨울 한 철 머물다 가는 두루미의 사적인 자맥질을 보았다.

57
책장

회사 생활의 첫 회의감이 들었던 카피라이터 3년차 시절, 길고 긴 자서전을 단 몇 마디로 표현하는 묘수를 배우기 위해 묘비명을 수집해 읽었다. 슬럼프 극복에 말 없는 친구가 되었다. 그 이후, 여행하는 나라마다 짝사랑하던 이름난 이들의 생가와 묘지를 찾았다. 그들의 처소는 요란한 관광지가 되어 있었다. 사랑을 고백할 조용한 구석을 잃었다.

집 안의 책장은 어수선한 공간을 나누는 벽도 되고 장식장도 된다. 내가 부여한 주요 임무는 납골당이다. 한 번 읽은 책은 내게 죽은 책이다. 읽은 책을 다시 펼칠 때가 많다. 이는 기억하기 위해 지내는 제사, 공부를 위한 발굴에 지나지 않는다. 책장엔 제목과 작가, 출판사를 새긴 비석들이 빼곡히 세워져 죽은 자들의 문패가 되었다.

어떤 칸은 작가별 가족묘지, 어떤 구역은 출판사별 사원묘지 그리고 주제별 공원묘지다. 크기별로 아파트를 짓기도 했다. 새로 들어온 책은 여기저기 가묘 신세를 진다. 공동묘지인 데다 자주 이장하지만, 성묘할 비석이 어디 있는지 훤히 안다. 든 자리보다 난 자리는 더 쉽게 눈에 띈다.

TOSHIMA
TOSHIMA
生くる
執行草舟
사회문제와 사회복지
마케팅
존재와 시간
헤겔 논리학
융 심리학 해설
탈무드
명작 스캔들
잃어버린 너
金潤姬 小說
사진대백과사전
CLEAR BOOK
フィルムとプリント

책장이 있는 곳이면 어디든 편안함을 느낀다. 읽지 않은 책들은 매혹적이다. 종종 책 무덤을 벗어난다. 살아 있는 사람, 자연, 사물, 세상의 책장을 방랑한다. 남 보기엔 팔자 편한 호사다. 선글라스까지 낀 눈은 완전 군장을 한 고난의 행군이다. 저승의 삶과 이승의 죽음이 뭐가 다를까?

진리는 둘이 아니라는 사찰의 불이문을 들락날락한다. 자유인이 될 행간은 코빼기도 읽히지 않는다. 묏자리와 묘비명을 짓고 싶지 않다. 미리 써보는 유서 역시 첫마디부터 막힌다. 자신의 삶에 대한 예의와 뚜렷한 인생관을 갖추지 못한 자의 침묵이다. 책들의 생사를 껴안고 보듬는 책장과 도서관의 묘지기가 존경스럽다.

58

신문

신: '누가' 새로운 걸 만들까?

연구원: '언제' 아이디어가 톡 튀어나올까?

광고주: '무엇을' 팔면 돈이 될까?

광고인: '어떻게' 알리면 혹할까?

소비자: '어디서' 폼 나게 쓸까?

사물: 도대체 '왜' 나를 살까?

Llega la nueva Vito.
en tu negocio el día 23 de octubre a partir de las 21:00.

59

코르크 마개

"뽕!"

판도라 상자의 뚜껑이 열렸다. 사람들이 궁금한 것은 내용물이지 상자가 아니다. 뚜껑은 더더욱 주목받지 못한다. 비밀이 만천하에 드러나도 뚜껑은 입막음의 희망을 무덤까지 품고 간다. 품위를 잃지 않는 파수꾼의 의로운 죽음이다.

코르크는 숲에서 자라는 굴참나무의 주변을 지키는 비밀 보호 조직의 일원이었다. 17세기 말, 프랑스의 한 수도사가 와인병의 경호원으로 발탁했다. 가벼움, 탄력성, 부전도성, 압축성과 같은 자질구레한 자질을 검증받았다. 순진무구한 나무껍질이 인간이 사는 마을로 내려와 받는 수난의 시작이었다.

빛깔, 향, 맛 그리고 뒷맛. 와인은 디캔팅 병과 글라스에 감싸여 신의 물방울인 양 호사스러운 대접을 받는다. 미인들의 설왕설래 키스 세례를 받는다. 병도 잠시나마 그윽한 시선을 받는다. 유명한 라벨이 부착된 액세서리를 몸에 걸쳤기 때문이다. 코르크 마개는 사람들의 감탄과 대화에 끼지도 못한다. 일순간에 버림받은 자가 된다. 테이블이나 바닥에 팽개쳐져 나뒹굴다가 구둣발에 걷어차이는 신세를 면치 못한다.

와인의 보육사까지 했던 그에겐 변변한 은퇴식과 장례식도 없다. 와인이 기저귀를 찬 아가에서 묵직하게 숙성한 어른으로 성장할 때까지 볼 일과 안 볼 꼴을 전부 봐서 그럴까? 비밀을 알고 지켜준 죄다. 날카로운 나사따개로 온몸이 갈라지고 으스러지는 사형을 받는다. 병 안쪽으로 내밀었던 발바닥엔 검붉은 눈물이 말라붙었다. 쓰레기통에서 생을 마감한다. 고지식한 사상범이 지닌 오랜 세월 인내의 존엄성 앞에 경외심을 올린다.

제 할 일 다한 코르크가 망가지지 않도록 최소한의 예의를 갖춘다. 따기 전, 정든 와인과 이별 준비를 하도록 한동안 병을 눕혀 둔다. 딸 때에 무리한 힘을 가하지 않는다. 요즘엔 가당찮은 위생관념, 돌려서 따는 편리성을 내세운 플라스틱과 알루미늄이 코르크의 명성을 기웃거린다. 천연 코르크보다 플라스틱 마개를 제조할 때 이산화탄소가 열 배나 더 나온다는 환경론자들의 말이 얼핏 고맙기는 하다. 어느 편이 환경을 더 염려하는 것인지 헷갈린다.

60
재떨이

그녀는 불국사의 인자한 석굴암이다. 이가 깨문, 립스틱이 묻은, 비비고 눌러 끈 담배꽁초들을 아미타불, 인왕상, 사천왕상이라도 되는 양 한 아름에 품는다. 시방세계를 살아 내느라 습관이 된 스트레스와 중독된 니코틴의 잦은 한숨을 정화한다.

때로 입에 문 담배 끝에서 종잡을 수 없는 산불처럼 화가 일어난다. 그녀는 나와 남까지 태울 것 같은 어리석음조차 불씨를 남기지 않고 진화하는 소방차다. 그럴 때면 정신이 번쩍 들도록 재떨이에 대갈통을 한 대 맞고 싶다.

나무아미타불관세음보살.

JODE EL CANDADO
ESTÁCLARO

61
문

문은 사물의 성 정체성을 숙고하게 하는 사물이다. 형태로 보면 문은 사물의 출입을 허용하는 여성이다. (샐쭉 토라져서 열렸던 것을 닫는 행태도 여성을 닮지 않았나?) 문으로 들고 나는 모든 것은 본래 성별과 상관없이 남성이 된다.

세상에는 사물에 성별을 부여하고 남성형과 여성형, 중성형으로 구분하는 언어가 많다. 라틴어 방언들과 게르만 독일어에서 문은 여성이다. 리투아니아어에서는 문에 따라 성별이 다르다. 대문과 창문은 남성, 옷장 문과 방문은 여성. 한글은 사물의 성별을 나누지 않아 고민할 필요 없다.

성적 지향성으로 봤을 때 세상의 모든 사람은 셋 중 한 부류에 속한다. 이성애자와 동성애자, 양성애자가 있다. 육체와 정신의 성이 일치하지 않는 트랜스젠더는 성기의 전환 수술 여부에 따라 다르다. 동식물도 인간과 별반 다르지 않다. 식물 중에서 호박, 오이, 옥수수, 소나무, 너도밤나무는 암수가 한 그루인 자웅동주다. 사랑은 한두 가지가 아니다.

사랑은 신화, 종교, 철학자, 각 부족과 나라의 생활양식, 시대의 변화에 따라 다양한 종류와 의미로 구분한다. 사람과 사람, 사람과 사물, 사람과 신의 관계를 설명한 것이다. 그 가운데 이성 애인이 질투할 정도로 동성끼리 나누는 진한 우정은 어떻게 설명할까? 그 관계는 사랑일까, 우정일까? 차이를 구별하는 간단한 방법의 하나는 육체적 성교의 여부다. 이성 간 우정도 마찬가지다. 친구끼리의 섹스는 근친상간이다.

문을 한 번 여닫으며 통과하는 게 단순한 문제가 아니다. 모계사회냐, 부계사회냐, 양성과 모든 성 정체성이 평등한 사회냐에 따라 사람들의 인식과 태도가 달라진다. 옛날엔 이에 대한 구분이 모호하거나 없었다. 요즘엔 그것을 두고 왈가왈부하는 것이 금기다. 이를테면, 미국 국방성에선 '묻지도 말고 말하지도 말라'고 한다. 개인은 모두 사회적 소수자다. 열려라, 참깨.

62

면도기

남자의 거짓말이 있다. 소년 시절 까까머리에 난 부스럼은 여전히 가렵다. 남자는 코 밑과 턱이 가뭇해지면서 멀쩡한 사타구니를 긁기 시작한다. 남자는 아침마다 수염을 깎으며 성장하지 못한 정신연령을 감추려는 듯이 면도날만 갈아 끼운다. 여자는 자신이 낳은 자식과 데려온 남편까지 아이 둘을 키운다. 그러곤 어느 날 갑자기 존재의 허무를 느낀다.

사랑의 돌아섬이 있다. 이별은 너도나도 아는 비밀이다. 누구나 한 번씩 앓는 병명이다. 파뿌리가 되지 못한 흰 머리카락은 가정법원에서 이혼 서류와 위자료 청구 소송서를 작성한다. '실연당했어?' '아직, 곧 그러려고 해.' 자신이 변심했다는 걸 미리 알아차리도록 헤어샵에서 짧게 커트를 치는 이, 애인이 떠날 때 미안해하지 않도록 출구를 열어 주는 이는 덜 이기적이다.

국가의 발뺌이 있다. '이 나라 국민이라면, 당연히 군에 갔다 와야지.' 잘나가던 남자 스타는 제대 후 인기를 회복하기가 어색하다. 까칠까칠한 머리 스타일을 해보지 않은 자는 놀림과 지탄을 받는다. 국방, 납세, 근로, 교육. 국민의 4대 기본 의무를 하지 않은 대통령과 정치인이 많다. 여자가 사회생활을 수월하게 하려면 모두 여군이 되어야 할까?

나고 마을이 흙탕물에 잠긴 8일 러시아 남서부 크림스크의 한 쓰레기더미 옆에 블라디미르 푸틴 러시아 대통령의 사진이 나뒹

크림스크/AP 뉴시스

홍수는 인재"…러, 푸틴 향하는 분노의 물꼬

시아 홍수 사태
르 푸틴 대통령
겼다.
크라스노다르
사태와 홍수가
최소 171명으로
했다. 피해가 집
의 주검이 발견

가 난 것에 대한
틴 정부로 향하
통신 등이 전했
스크시 당국이
수문을 열면서
다는 소문이 나
부의 무책임과
주장이다.

사전경고 없이 저수지문 열어
시민들 '정부 무책임 탓' 화살
"집권세력 향한 불신 확대" 지적

러시아 정부는 9일을 '전국민 추모의 날'로 선포하고 나라 안팎의 모든 관공서가 조기를 게양하도록 했다고 〈리아 노보스티〉 통신이 보도했다. 전날에는 푸틴 대통령이 "책임있는 관리들이 대량 인명피해에 대해 설명해야 할 것"이라고 질책하고 철저한 상조사를 지시했다. 사태의 심각성을 의식한 발빠른 대응이다.

크라스노다르주의 알렉산드르 트카초프 주지사도 "집이 완파된 난민들에겐 3~4개월 안에 새 집을 공급하겠다"고 밝혔다. 정부는 또 9일부터 이재민 1인당 1만루블(약 35만원)의 보상금도 지급하기 시작했다.

이번 홍수와 대량 인명피해 사태는 지난 5월 푸틴 정부 출범 직후부터 번지고 있는 반푸틴 정서에 기름을 끼얹은 것으로 보인다. 사회학자 올가 크리시타놉스카야는 "이번 재난은 러시아 국민이 관리들을 더이상 믿지 않으려 한다는 점에서 푸틴에게 좋지 않은 소식"이라며 "지난해 12월 두마(하원) 선거 이후 집권세력에 대한 불신이 급속히 커져왔다"고 말했다.

의 릴리아 셉초바는
"러시 국민 개개인의 안전을 보장하
는 메 이 없고 보통 사람들의 생명이
무시 "이런 문제가 당국의 정통성을
떨어 고 지적했다.

조일준 기자 ijun@hani.co.kr

'대담한 도전'…미국과 감 있었나

이 방문한 이집트
민들이 구호를 외
시 대통령이 취
해결을 요구하
고 있다.
/로이터 연합뉴스

이집트 '의회 재소집 선언' 파장

미 국무부 부장관과 면담뒤
군부의 입법권 보유 거부해
'오바마 메시지' 영향력 주목

무르시의 '대담한' 도전은 성공할까.

지난 8일 무함마드 무르시 이집트 대통령이 발표한 '의회 재소집' 선언은 군부가 지난달 발표한 권력 분점안을 받아들이지 않겠다는 사실상의 '선전 포고'에 가깝다. 이번 선언의 주요 내용이 군부에 의해 해산된 의회를 다시 소집해 입법권을 부여하고, 이들에게 이집트 신헌법 초안 작성 책임을 맡기며, 신헌법이 국민투표를 통과한 뒤 60일 안에 새로운 총선을 치르겠다는 것으로 구성돼 있기 때문이다.

앞서 이집트 군부는 지난달 중순 무슬림형제단에 장악된 의회를 해산한 뒤 새 의회가 구성될 때까지 군부가 입법권, 예산권 등을 갖고, 헌법 초안을 작성할 100명의 위원도 지명하겠다고 선언한 바 있다. 대통령은 행정권만 갖는 반쪽짜리로 만들어놓았다. 현재 해산된 상태인 이집트 하원의 과반수를 차지하고 있는 정치 세력은 무르시 대통령의 권력 기반인 무슬림형제단이다.

〈 미아〉 등 중동권 언론들은 충격을
받은 군부 실세들이 이날 밤 후사인 탄
타우 사위원장의 주재로 "무르시의 의
회 선언의 영향을 연구하고 토론하기
위해 의를 소집했다"고 밝혔다.

은 이번 발표가 무르시 대통령과 윌
리엄 국 국무부 부장관과의 만남이 있
은 만에 나왔다는 점을 들어 어떤 식
으로 변수'가 작용했을 거라는 관측을
내놓고 있다. 오바마 행정부는 의회를 해산시킨 군부를 비난하고 무르시에게 힘을 실어주는 듯한 행보를 보여 왔다. 실제 번스 부장관은 이날 무르시에게 오는 9월 미국을 방문하라는 버락 오바마 대통령의 초청장과 공동 이해와 상호 존중 원칙에 따라 새 동반자 관계를 맺자는 메시지를 전달했다. 일부 전문가들은 이번 선언이 군부와의 전면 대결도 불사하는 파격적인 내용인 만큼 발표에 앞서 군부와 충분한 사전 조율을 했을 것이란 의견도 내놓고 있다.

이번 선언을 바라보는 이집트 안팎의 시선은 엇갈려 있다. 이집트 헌법재판소가 군부의 강한 영향력 아래 있는 것은 맞지만, 대통령에게 헌재가 선언한 선거 '위헌 결정'까지 뒤엎을 권한이 있느냐는 것이다.

길윤형 기자 charisma@hani.co.kr

사에 초대형 테마파크

800만㎡(800㏊)의 부지에 조성된다.

각각 40~100년간 거액후
선수촌·경기장서 독점판매
의협 "비만조장 업체의 후
IOC도 "올림픽 가치와 달리

30대 중반에 아버지로부터 물려받
를 키우기 위해 고민하던 로버트
1928년 제4회 암스테르담(네덜란
눈을 돌렸다. 그는 미국 대표팀에
'시커먼 물'을 공짜로 보냈고, 금메
미국 선수들이 먹는 이 음료는 전
려든 관중을 사로잡았다. 음료가
고 날개 돋친 듯 팔리면서 세계 최
를 갖게 된 우드러프는 올림픽 후
기로 결심했다. 코카콜라가 최장
원사가 된 순간이었다.

코카콜라와 올림픽의 이런 '오랜
협받고 있다. 국제올림픽위원회(I
의 주범'인 미국의 코카콜라와 맥
속 올림픽 후원사로 유지해야 할
고 있다고 영국 〈파이낸셜 타임스〉
다. 자크 로게 위원장은 이 신문과
서 "올림픽을 치르는 데 돈이 점점
서 인류의 건강을 포함한 올림픽
는 것이 점점 어려워지고 있다"며 "
인 시대에 코카콜라와 맥도널드가
할 수 있는지 계속 묻고 있다"고 말
이후 줄곧 올림픽을 후원해왔던

'독살설' 아라파

소지품서 심각한 방사성물

독살설이 제기된 야세르 아라파트
타인 국가수반의 유해 발굴이 허락
마무드 아바스 팔레스타인 국가
아라파트 전 수반의 유해 발굴을
〈에이피〉(AP) 통신이 그의 보좌관
도했다.

앞서 스위스의 방사선물리학연
파트의 부인 수하의 요청으로 검사
트의 소지품에서 방사선 물질들이
결과를 내놔, 그의 독살 가능성을
서안 라말라 정부 청사에서 돌연
달 만에 프랑스의 한 군병원에서

유통공룡 '아마

고배큠(GoVacuum)은 미국 내 진
매업계의 강자로 떠오르고 있는 업
연매출이 200만달러였던 이 업체는
만달러의 매출을 예상하고 있다.
에서 1974년 건너온 빌 아난드 사장
명의 성공 뒤에는 바로 아마존이 있

많은 사람이 아직 온라인 서점으
있는 아마존은 사실 미국 온라인
자다. 지난해 아마존을 통해 거래
품의 가격 총액은 481억달러로, 아
한 최상위 10개 업체 거래액 474억
많다. 일부는 아마존을 '온라인쇼핑
라고 부른다. 살 물건이 있으면 우
서 검색하는 것이 일반적이라는 못
만 아마존이 이렇게 온라인 소매시
배적 사업자로 떠오르면서 '아마존
작용에 대한 논의도 불붙고 있다. 영
설 타임스〉는 미국 온라인 소매업

조직의 외면이 있다. 권리 투쟁은 밥그릇 싸움으로 변질 또는 오인된다. 데모 진압 경찰과 검찰, 경영진은 협상의 결렬을 기대한다. 시민운동가와 국제 비정부기구의 목소리는 무시당한다. 주동자는 삭발하고 감옥을 들락거리다가 폐인과 영웅이 된다. 담벼락에 쓴 외침은 공중화장실의 낙서처럼 지워지기도 하고, 예술가의 순진한 벽화처럼 작품으로 살아남기도 한다.

역사의 착시가 있다. 유대인은 홀로코스트기념관을 짓는다. 나치 시절의 불의를 감동적인 영화로 끊임없이 환기한다. 그리고 팔레스타인이 통곡하는 장벽과 검문소를 세운다. 유라시아에선 신나치주의자들이 방문객과 유학생, 이민자들에게 폭력을 가한다. 유럽에서 왕실과 귀족은 물론 누대에 걸쳐 피가 섞이지 않은 후손과 원주민이 얼마나 될까?

붓다의 함정이 있다. 먼저 속세와의 인연을 삭발하게 한다. 붓다 당시의 계율과 현대 생활의 부조화, 승단의 권력 다툼을 펼친다. 시주금으로 신성불가침한 기업이 된 절, 승복의 근엄함으로 공부의 누추함을 가렸을 뿐 일반인과 다를 바 없는 이를 보여 준다. 그물과 바람에 흔들림 없이 정진하며 스스로 깨치라 한다. 불교 역사에서 자신과 붓다를 죽인 이가 몇 명이나 될까?

부지런하면 3일마다, 게으르면 5일마다 3중날 면도기로 머리카락을 빡빡 민다. 눈에 보이는 탈모 증상의 스트레스는 단박에 사라졌다. 욕망과 갈등의 모근은 부드러운 면도거품을 발라도 깎이지 않는다. 두피 속에서 무성하게 똬리를 틀고 앉아 머리를 치켜든다.

63
변기

이만한 대인배가 또 있을까? 그는 나의 모든 변심을 받아 준다. 내게 가타부타 않고 꿀꺽 삼킨다. 스스럼없이 내 밑천을 보여도 뒤통수 치는 법이 없다. 요즘 그의 대자대비는 나의 더럽고 지저분한 입을 따스한 물로 씻어 주고, 소독해 주고, 부드러운 바람으로 말려 주기까지 한다. 그의 야무진 일 처리 솜씨는 내가 손쓸 뒤끝 하나 남기지 않는다. 소인배가 뒤탈 날 걱정 없이 속내를 배설할 수 있는 통 큰 인물임이 틀림없다.

그의 이름은 한자로 변기(便器)다. 변 자는 똥오줌 변, 편할 편으로 읽는다. 그래서일까? 그 앞에선 속에 담아 두는 것이 없다. 시도 때도 없이 그와 잠깐 만나고 나면 마음이 편안해진다. 작은 것이든 큰 것이든, 그는 나의 지린내 구린내 나는 상습적인 변명을 코 막지 않고 매일 들어 주는 카운슬러다.

그를 만나지 못하면 번뇌와 만병의 근원이 된다. 허준도 히포크라테스도 그에게 먼저 달려갔을 것이다. 중보다 넓고 높게 득도한 보살들을 상대하는 스님도 그를 찾는다. 얼마나 답답하면 화장실을 해우소(解憂所), 근심을 푸는 곳이라 할까? 변기만 한 인술과 인류애를 지닌 이가 없다. 단, 그와 너무 오래 함께하면 치질에 걸릴 확률이 높다.

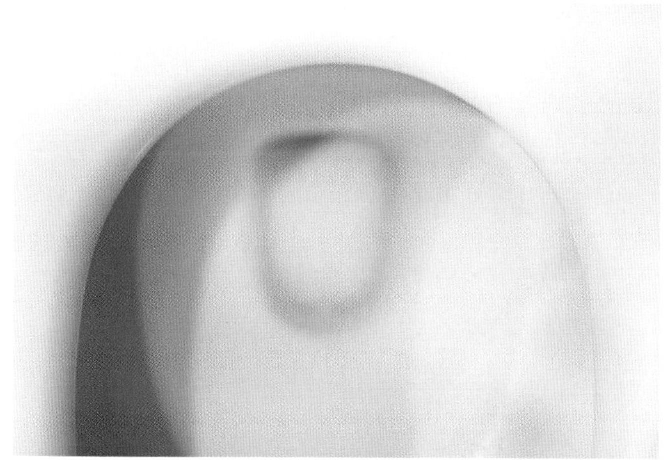

64

과도

지하철 5호선 마장역을 지날 무렵, 스위스아미 나이프를 가져오지 않은 걸 알았다. 아차산으로 가는 길 초입의 골목시장에서 오이 세 개와 작은 과도를 샀다. 이것도 칼이라고 파는지? 한 번도 사용하지 않는 새 칼인데 무른 오이 하나를 날렵하게 가르지 못한다. 척추 끝에 흔적만 남은 꼬리뼈처럼 무딘 칼이다. 숫돌이라도 있으면 날이 설 때까지 갈고 싶다.

처음부터 스스로 퇴화하려고 작정한 듯 긴 잠에라도 빠졌나? 오이 자르려다 사람 잡겠다. 굳이 없는 기능을 탐하는 것은 자신을 절망에 빠뜨리는 지름길이다. 가진 재능이나 계발해야지. 볼품없는 칼이지만 어딘가 쓰임새가 있겠지. 부리기 나름이다. 아직, 녀석의 단잠을 깨울 만한 일을 찾아 주지 못해 미안하다.

그런데 나는 왜 칼의 힘을 빌리려고 했을까? 오이 팩을 할 것도 아니고, 양손으로 툭 분지르거나 앞니로 베어 먹어도 되는데. 무언가를 생각하고 결정할 때, 꼭 날 선 칼이 필요할까? 때론 예리한 사고력과 판단력이 일을 더욱 복잡하게 만든다. 과잉노동을 넘어 헛일을 하게 한다. 사사건건 분명할 필요는 없다. 두루뭉술한 화술이 꼬인 실타래를 끊지 않고 풀어줄 때가 많다.

두개골의 신경과 근육이 이완되고 다리의 맥이 풀린다. 오늘은 산행을 그만두어야겠다. 새로 장만해 입었다는 친구의 고어텍스 등산복을 구슬려 낮술이나 마셔야겠다. 흐리멍덩한 칼의 무딘 산등성이에 취한다. 멍청한 주말 오후가 기분 좋다.

65
종이컵

커피 따라 마시다가 친구가 된다. 술 부어 마시다가 애인이 된다. 밥 말아 먹다가 부부가 된다. 가끔 토닥거리다가 이도 빠지고, 그렇게 헤벌쭉 웃으며 함께 살 줄 알았다. 서로 담아 먹고 사는 게 싫었나? 나랑 입 맞춘 지가 얼마나 되었나? 저 닮은 내 친구랑 눈 맞아 냉큼 따라나갔다.

쓰지도 못하고 박물관에 모셔진 이도 다완이 될 것 같아 마구 다루었더니, 나한테 그렇게 모질 수가 있나? 경북 문경의 장작 가마에서 녹지 않고 살아남았을 만하다. 내게 분에 넘치는 선물로 오더니 친구에게 아끼는 애물단지가 되어 또 시집갔다.

달려가 매달리고 싶은 마음이 어쩌다 한 번씩 삼삼하다. 잘살고 있다는 말을 귓등으로 들었으니 됐다. 막사발이 살던 안방을 종이컵이 꿰차고 있다. 화냥기 많은 사물의 사적인 스캔들. 알아도 모른 척 눈감아준다.

66
담배

1. 담배와 애인은 불붙는 순간이 필요하다.
뜨겁지 않은 순간이 어디 있을까?
2. 이들은 입의 쾌락이 기본이다.
아기를 태동시키려는 이들은 금욕해야 한다.
3. 담배는 시간의 흐름을 보여 주고, 애인은 아예 잊게 한다.
애가 탈 때, 무료할 때도 있다.
4. 담배도, 애인도 시작은 힘들다. 또한 새롭다.
경험은 교훈이 되지 않는다.
5. 다 피운 담배, 섹스 후의 애인은 욕망의 빈 그릇이다.
담배와 애인이 조우하는 때다.
6. 담배 냄새는 옷에 스며들고, 애인의 체취는 마음에 저며 든다.
마냥 유쾌, 상쾌하지는 않다.
7. 이들은 미성년자에게 불평과 불만을 야기한다.
법적 제재가 있지만 안 하는 게 아니다.
8. 이들의 영역은 적대적이 되어 간다.
흡연실과 러브호텔은 호황인데 칸막이와 뒷문을 만든다.
9. 이들과의 교류는 그리움, 집착, 중독이 된다.
사회에서 마약보다 관대한 대접을 받는다.
10. 이들과는 요가를 하듯이 호흡 조절을 잘해야 한다.
내쉬고 들이마시고, 밀고 당기고.

11. 이들과 사귀려면 금전이 있어야 한다.
   지속적인 사랑을 보여 달라고 할 때 필요하다.
12. 이들은 위로를 준다. 담배는 일방적, 애인은 상대적이다.
   모두가 그런 것은 아니다.
13. 담배는 자선가, 애인은 구두쇠가 된다.
   나눌 수 있는 것, 공유할 수 없는 것이 있다.
14. 이들과 간접 체험이 가능하다.
   전파력, 침투력이 강해 직접적인 효과가 난다.
15. 이들과 관계를 끊고 싶을 때가 한두 번이 아니다.
   번번이 의지를 우습게 여긴다.
16. 담배는 허파, 애인은 심장을 배반한다.
   폐암, 심장병, 쇼크, 자살, 살인을 부른다.
17. 담배는 재떨이를 더럽힌다. 애인은 세상에 스캔들을 일으킨다.
   그렇게 해도 된다.
18. 담배는 치아를 변색시키고, 애인은 우정을 퇴색시킨다.
   색은 좀 바랬지만 그 자리에 있다.
19. 이들은 영원하지 않다.
   담배는 연기, 애인은 새로운 바람과 함께 사라진다.
20. 담배는 꽁초와 재를, 애인은 미련과 상처를 남긴다.
   그것도 버려지고 잊힌다.

새 갑에서 한 개비 더. 담배와 애인은 기호품 또는 필수품이다.
가치는 개인의 주관적 취향이다.

67
줄자

사물은 수식어를 붙이지 않을 때 사물 그대로 존재한다. 인간은 자신이 모르는 것에 불안을 느낀다. 미지의 세계에 공포를 품는다. 그래서 자기 눈높이에 사물을 맞춘다. 자기가 잘 아는 다른 어떤 것에 비유한다. 적어도 자기 예상과 비슷하고, 기대에 맞아야 안심한다.

이는 여행할 때 뚜렷이 드러난다. 프랑스 지중해안의 명물이자 세계 3대 수프 가운데 하나인 부야베스를 먹으며 '우리나라 해물탕 같아.'라고 해야 직성이 풀린다. 반대로, 남해안의 통영을 '한국의 나폴리야.'라고 해야 폼이 난다. 아프리카 빅토리아폭포, 남미 이과수폭포, 설악산 대승폭포는 서로 비교할 대상이 아니다. 서로 다른 자연이 지닌 제각각의 아름다움이 있다.

낯선 것에 익숙한 것부터 적용하고 본다. 새로운 것이 주는 첫맛의 충격을 견디지 못한다. 뒷맛이 주는 여운조차 음미할 겨를을 외면한다. 일상에서 생긴 인식이 사람 눈을 가린다. 아무리 여러 곳을 떠돌아도 결국 한 곳에 붙어 있다. 수없이 여행하지만, 진정으로 습관과 아집에서 떠나본 적이 몇 번이나 될까? 여행은 아무리 예습과 복습을 해도 학습되지 않는다. 같은 곳을 다시 가도 여행할 때마다 첫 경험이다.

어떤 척도든 한계와 예외가 있게 마련이다. 자기 손에 쥔 줄자로 이리저리 사물의 길이와 높이와 깊이를 잰다. 무명의 사물에 이름을 붙인다. 사람마다 하나의 존재에 갖가지 다른 의미를 부여하고 때로 강요한다. 사우나 안에서 옷을 겹겹이 입힌다. 광화문 광장에서 속옷까지 벗기려고 한다. 자기 뜻과 편의대로 되어야 한다. 자기에게 맞추어야 그 사물이 내 것이 되었다고 믿는다. 이유, 조건, 자격을 따지는 사랑과 같다. 그것을 이상형이라 한다. 서로 이상형이 일치하는 관계가 몇이나 될까? 사랑은 의미가 아니라 존재 자체에 대한 경이로움이다.

"왜, 날 사랑해?"
"그냥."

68
목련

나와 전혀 다른 사람보다는 닮은 이와 친하기가 좀 더 수월하다. '닮다'는 '다르다'를 전제로 한다. 다른 것끼리 공유하는 비슷한 면이 있다는 것이다. '같다'는 말이 아니다. 무리 짓기와 구분 짓기의 이율배반적인 원죄다. 닮은 면에 대한 단정 지음과 다른 면에 대한 어림짐작이 삐걱거린다. 이런 인(人)의 간(間)에 뛰어드는 품사가 있다. '그래도'의 관용과 포옹이다.

십년지기가 있다. 함께 여행하다가 나 혼자 먼저 돌아왔다. 어쩌다 한 번 만나서 닮은 면만 확인하다가, 몇 날 며칠을 온종일 붙어 다니며 다른 면을 보고 질겁했다. 무엇보다도 내가 싫어하고 버리고 싶은 나의 면면을 친구에게서 발견하는 일은 고역이었다. 십년지기를 이해하지 못하는, 서로 다른 마음을 조율하지 못하는 나 자신에게 상실감이 들었다.

무명씨들이 막연히 서로 잘 안다고 여겼는지 모른다. 그 모든 면이 친구를, 나를 이루는 문장들이라면 열 권짜리 대하소설을 끝까지 읽지 못했을 뿐이다. 이럴 때 둘 사이 관계는 책의 한 대목을 전체인 양 착각하는 치명적인 오류를 범한다.

인간관계에서 타인의 말과 행동보다는 내가 했던 말과 행동이 나를 아프게 한다. 정말 아플 땐 아프다는 말문조차 닫힌다. 책이나 주변 사람들의 명언 같은 조언조차 자신을 합리화하는 변명으로 오역되기 십상이다. 자신에 대한

섣부른 자기 위로와 타인에 대한 원망보다는 차라리 골방의 기도가 상처의 뿌리를 보게 한다. 철 지난 동안거를 자청한다.

창밖의 목련은 삐걱거리는 나와 세(世)의 간(間)에 서 있는 '그래도'였다. 인간의 부조리에서 발생하는 속수무책과 불합리성을 물끄러미 들여다보고 있었다. 키 높은 건물 사이의 응달에서 새순을 돋우며 가슴앓이를 하던 목련이 동네 늦깎이로 가장 눈부신 꽃등을 밝혔다. 그것도 잠깐, 바람결에 한 송이씩 가뭇하게 바래더니 봄비에 한 잎씩 떨어져 나무 밑동에서 시커멓게 썩어 갔다. '그래도' 목련나무는 꽃 진 가지에 이내 잎을 피웠다.

창 안에 앉아 깜박 졸다가, 창밖에 선 도반에게 죽비를 한 대 맞았다.

69

두루마리 휴지

내가 사랑할 것들은
눈물 한 방울만 닿아도
무너지는 것.
난 두루마리에서 뜯어낸
한 장 휴지 같은 것.
아름다운 것들은 실핏줄처럼
힘없이 터지는 것.
빵소니 같은 바람이 불면
꽃잎처럼 사라지는 것.
내가 사랑해야 할 것.

70

열쇠고리

장기간 여행한 사람은 무리와 혼자의 차이를 알 것이다. 일행이 있으면 곁의 사람에게 마음을 쓰게 된다. 서로 배려하지 않는 파트너는 무의미하다. 여행사에서 이끄는 패키지 투어는 다르다. 원래 상관한 적이 없었던 사람들이니 무신경해도 서로 개의치 않는다. 진정한 벗은 함께 여행해 보면 안다고 한다. 얼핏 들으면 친구와 자신의 됨됨이를 서로 가늠하라는 것 같다. 하지만 저울질하는 사이는 우정이 아니다.

여행은 자아 찾기와 같은 존재론적 이유, 사회에 살면서 부딪힌 갖가지 문제들의 해결, 삶의 한 지점에서 무언가를 결정하려는 거창한 목적을 갖지 않아도 된다. 돌아갈 날짜를 정하지 않고 홀로 여행하다 보면, 미술관에서 작품을 감상할 때처럼 일터와 삶터를 객관적으로 볼 수 있는 거리가 생긴다. 비행기에서 땅을 내려다보듯이 자신을 조감할 수 있는 공간이 자연스럽게 확보된다. 여행할 수 있는 자격과 조건, 여건은 없다. 스스로 만들어서 그냥 여행하는 것이다.

자신이 감당할 수 있는 기간을 넘겨서 방랑하면 아예 현실감을 잃어버리거나 도인이 된다. 여행은 뭔가를 하기에 조금 수월한 분위기와 장소, 시간, 환경, 마음가짐을 제공한다. 그다음은 개인의 시각과 태도, 인식에 달려 있다. 여행한 기간과 횟수, 국가, 경력은 상관없다. 여행을 많이 한 이들 중에서 한 번도 여행을 해보지 않은 듯한 이들이 있다. 여행사의 단체 패키지에서 다른 일행들의 말과 행동을 살펴보면 쉽게 확인된다.

외톨이 여행은 낭만적이지 않은 불편들을 동반한다. 비자와 같은 서류적인 일, 교통편과 숙소 찾기, 여권과 지갑 관리, 신변 안전, 배낭이나 트렁크의 무게, 포함과 삭제가 반복되는 일정, 외국의 알 수 없는 말과 글, 입에 맞지 않는 향신료와 기후를 적응해야 한다. 환영하며 선뜻 받고 싶지 않지만 여행이 주는 소소한 기념품들이다. 이들은 나만의 별난 여행담을 선물해 주기도 한다.

특정한 무언가를 먹거나 볼 때, 어딘가엔 있을 때면 그때마다 다른 특정한 인물이 떠오른다. 오지에 있을 때, 말을 섞거나 통하는 사람이 한 명도 없을 때는 정인들이 내면의 깊숙한 곳에서 미소를 짓는다. 상대방이 그걸 알고 모르고는 중요치 않다. 또한, 나와 타인이 한 번도 본 적 없는 혹은 애써 외면하고자 했던 나라는 인간의 실체가 모습을 드러낸다. 이럴 땐 결과야 어떻든 맞붙어 보는 수밖에 없다. 쓸쓸함과 외로움, 그리움은 여행이 주는 가장 값진 기념품이다.

71

물

"박씨 말인데, 성질머리가 왜 그래? 고칠 줄을 몰라."

"고칠 수 있으면, 그게 어디 성질인가?"

환경미화원 아저씨들이 집 앞에 내놓은 쓰레기를 치우며 대화를 나눈다.

식탁 위의 물잔 속에서 얼음이 녹는다.

새벽이 성큼 집 안으로 들어선다.

72

쓰레기봉투

깨지고 부서지고 뜯기고 거덜 나고 닳고 허물었다. 살림살이들, 나 살리려고 애쓰다가 저리되었지. 야단법석 진혼을 한다.

빗자루 천하대장군과 쓰레받기 지하여장군을 불렀다. 머리카락 산발한 대걸레와 진공청소기 도깨비를 모셨다. 산신령은 등산객과 선약이 있어서 못 온단다. 집 안의 온갖 자잘한 물신과 지름신들을 쓸어 모아 종량제 봉투에 내림굿을 한다.

"걱정 마라. 바람 불면 훅 날아갈 얇디얇은 이내 몸, 터질까 걱정 마라. 넓적한 스카치테이프 님이 도와주신다. 나는 환경부가 승인한 20ℓ 나라 만신이다. 잡것들 분리수거 바빠 술과 떡은 차리지 못했다만 작두까지 타랴. 내 몸 거쳐 썩 나가거라. 악취는 거두고 먼지는 티끌도 남기지 마라. 부디, 좋은 세상 가서 이승엔 얼씬 마라. 한이 남거들랑 재활용품으로 새 몸 받아 오너라. 유모차 끌고 폐지 줍는 골목 할머니가 반긴다. 그땐 돼지 한 마리 잡고 씻김굿 해주마."

텅 빈 집에서 맑은 방울 소리가 난다. 청소 끝!

73

파리채

위로, 위로 날아오르는 것들은 허망하다.

귀가 웽웽거린다. 날아오르는 저도 제 날개를 돌리는 자가발전기 소리에 귀가 먹었을 것이다. 굳이 그것을 멈추게 하는 손은 또 얼마나 잔인한가? 혀 한번 삐끗 헛디디면, 몸가짐 한번 아차 어긋나면 무슨 녀 무슨 녀가 된다. 자살행 롤러코스터에 태우는 세상이다. 샅샅이 신상이 털리고 지상의 질긴 청바지를 벗기고 천상의 날개 옷을 입힌다.

플라스틱 파리채로 천장을 탁 친다. 모기의 사지는 아래로 툭 떨어져 꼼짝하지 않는다. 모기 대가리의 골수는 천장 아가리에 물려있다. 뜻하지 않게 보시한 내 피는 붉다가 검붉다가 검어지다가 새까만 윤회를 거듭한다. 수세미로 닦아도 좀체 지워지지 않는다.

모기는 진공청소기 속으로 빨려 들어간다. 핏자국은 그 소리가 소란스러워 천장을 뚫고 나간다. 해 그늘에 가려 보이지 않는 한낮의 별자리가 되어 쉼 없이 탑돌이를 한다.

머리카락 보일라. 꼭꼭 은둔하라.

74

화분 받침

감나무 한 그루쯤 있어야 사람이 사는 집 같다.

사월에서 이듬해 이월까지 감나무 화분이 있던 자리다. 감꽃 한 번 피우지 못한 채 내게 뿌리내린 집이 돼주려고 무던히 애썼다. 그 고단한 무게만큼 마룻바닥에 발자국을 찍었다. 사람과 동고동락하려던 사물의 헛뿌리. 움쑥하게 들어간 구덩이가 서른두 살에 찾아왔던 두 번째 사춘기, 삶의 의미를 잃어버렸던 심드렁한 마음 자국 같다.

사는 게 뭔지, 언제쯤 감이 잡힐까?

75

의자

김포에서 제주행 비행기에 탑승한다. 미처 걷지 못했던 올레 길을 마저 걸을 참이다. 나란히 줄 맞춰 서서 궁둥이를 마중하는 의자들이 깍듯한 승무원 같다. 비행기표에 적힌 번호를 확인하고 하늘 선반을 두리번거리며 좌석을 찾는다.

세상에서 가장 성스러운 의자는 바티칸 성베드로 성당에 모신 교황의 의자도, 석가탄신일 법회 맨 앞자리 한가운데 놓인 대종정의 의자도 아니다. 비행기 안에 있는 의자들이다.

"구명복은 좌석 밑에 있습니다. Life Vest Under Your Seat."

줄줄이 늘어선 의자들이 탑승객들에게 구원의 메시지를 던진다. 하느님의 말씀이고 붓다의 가르침이다. 나를 구원해줄 구명복이 내 의자 밑에 있다는 사실을 일깨워 주는 선지자는 앞에 앉은 타인의 등받이다. 뒷사람에게 또 그 뒷사람에게 도미노가 이어진다. 나는 순례에 나선 선민들의 행렬 한가운데에 있다.

내 구명복은 내가 깔고 앉아서 내 눈에 보이지 않는다. 보이지 않는 신은 인간에게 좌불안석이다. 우주의 어머니가 인간을 이 세상으로 여행을 보내며 그만한 안전장치도 마련하지 않았을까? 비행기를 설계할 때부터 이륙하기 전까지 엄격한 안전 점검을 마쳤다.

하느님은 천국을 약속하고 붓다는 천당을 설법하며 종신보험 상품을 권한다. 다른 사람이 아니라 자신이 타 먹는 사후보험이다. 사람은 혹시 생길지 모르는 가상현실을 대비해 각종 보험을 든다. 신이 나직하게 들려주는 믿음은 내세가 아니라 현세가 앉을 의자의 속삭임인지 모른다.

국제항공운송협회(IATA)의 발표에 따르면, 2011년 11월까지 한 해 항공기가 파손될 정도의 사고율은 100만 비행당 0.34건이다. 현대식 항공산업이 처음 시작된 제2차 세계대전 이래 최저치를 기록했다. 비행기는 다른 교통편에 비해 사고율이 낮다. 하지만 구명복은 수의가 될 확률이 높다. 곧 제주도에 착륙한다는 기내방송이 창문 앞으로 섬을 끌어당긴다.

76

연습장

"예수, 붓다, 알라, 시바, 공자, 노자, 장자가 이르기를."
"작가, 학자, 스승, 교수, 예술가, 목사, 정치인, 유명인이 말하기를."
"책, 신문, 잡지, 라디오, 텔레비전, 인터넷, 광고에 나왔으니까."
"내가 아는 사람들이, 대부분 사람이 그렇게 하니까."
"미국, 일본, 영국, 프랑스, 독일, 선진국들이 하는 걸 보면."

묵주와 종교가 아니어도 세상엔 믿음을 상기시키는 도구와 신빙성 있는 근거라고 여기는 것들이 많다. 인간은 지하철 환승역에서 지하철을 갈아타듯이 그것들을 쉽게 믿고 또한 쉽게 돌아선다. 그 믿음은 이스터 섬의 석상처럼 인간의 힘으로 도저히 불가능할 것 같은 일을 하기도 한다. 그리고 한 시대가 지나간다. 인간은 공들여 세운 모아이를 무너뜨리고 새로운 믿음을 세운다. 인간은 자신이 알지 못하는 믿음과 진리를 불가사의, 기적, 신비, 환상이라 한다. 기원전 세계 곳곳에 존재했던 수많은 문명은 왜 흔적만 남기고 사라졌을까?

예수가 십자가를 목에 걸었을까, 붓다가 성전에 불상을 두었을까? 광화문 앞의 이순신 동상처럼 후대에 조성된 기념물이고 상징물이다. 후세의 인간이 기록하고 가감, 편찬, 번역한 믿음의 체계는 허술하고 흔들리기 쉽다. 인간의 수명은 백 년이 빠듯하다. 유행 같은 시대의식에 휩쓸려 산다. 현대인이 종교와 진리라고 여기는 것이 생성되고, 축적되고, 틀이 만들어지고, 세상에 전파되고, 믿기 시작한 것은 몇 세기나 될까? 지구와 우주의 나이는 몇 살일까?

나는 나를 믿지 못하기 시작했다. 내 말과 생각을 하지 않는다. 왜, 언제부터 그렇게 되었을까? 죄 없는 사물만 거리를 둘 것이 아닌 것 같다. 내가 지금까지 배운 것, 아는 것, 확신하는 것도 내려놓는 연습을 해야겠다.

77
그림

예술 작품과 음식의 공통점 가운데 하나는 눈으로 먹는 것이다.

한 친구가 마련한 전시회의 개막식에 갔다. 많은 사람이 초청되었다. 입구에서 연신 허리를 굽혀 손님을 맞이하는 친구 모습이 예식장 혼주나 상갓집 상주처럼 보였다. 그림들은 작가의 품을 떠나 제 살림을 차릴 것이다. 죽은 자식 불알을 만지던 작가는 새로운 영감을 잉태해 후속작을 출산할 것이다.

작가와 담당 큐레이터의 짧은 인사말이 끝났다. 관람객들의 눈길은 벽에 걸린 작품보다 테이블에 차려진 핑거푸드에 쏠렸다. '카나페에 좋은 치즈를 얹었네. 저 유기농 떡은 낙원동에 있는 유명한 선생님이 만든 거래. 동페리뇽 샴페인에 송명섭 막걸리도 있네.' 음식과 미술계에 대한 대화, 서로 비즈니스와 근황을 주고받는 사교파티가 되었다. 이런 모습은 대부분 나라들의 전시회 오프닝에서 연출되고 있는 현상이다.

사람들이 눈요기로는 성이 차지 않았나 보다. 갤러리 근처의 한우 숯불갈비 회관으로 몰려가 뒤풀이를 했다. 그림은 뒷전이었던 이들이 소주 한 잔에 쇠고기를 서너 점씩 쉼 없이 젓가락질했다. 삼 년간 작업한 친구의 극사실주의 그림보다 더 극사실적인 풍경화였다.

예술은 있는 사물, 인간, 삶, 생각, 마음을 묘사하는 것이다. 지나치던 것을 눈여겨보기, 가려진 것을 들춰내기, 몰랐던 것을 알아내는 것이다. 그것의 단면을 갖가지 도구와 기법으로 재생, 변형, 사용, 인용, 응용, 확대, 축소, 분리, 조합하는 것이다.

작품 한 점, 꿀꺽.

78

사전

신화와 전설, 속담, 성경, 불경, 역사서, 고전은 시대와 세대를 불문하고 사람들에게 읽히는 베스트셀러이자 스테디셀러다. 몇천 년, 몇십 년 전의 이야기가 오늘날의 사람들에게 여전히 감동과 귀감이 된다. 고대와 현대가 다른데, 왜 아직 죽지 않고 살아 있을까?

인간의 삶은 마치 모든 단어의 뜻풀이를 해놓은 사전 같다. 신조어가 추가되고, 더는 통용되지 않는 고어와 사어가 생긴다. 원래 뜻과 다르게 사용되는 말도 있다. 끊임없이 혁신을 외친다. 혁명이 일어난다. 개혁을 꿈꾼다. 약간의 수정과 보완이 있을 뿐이다. 언제나 세상은 말세였고 종말은 가까웠다.

공감은 직통만 있는 게 아니다. 인간은 자신과 밀접하지 않은 것, 전혀 다른 것, 겪어 보지 않은 것에 관심을 기울이지 않는다. '바로, 내 이야기잖아. 나도 생각했던 건데 어쩜, 이렇게 한 문장으로 정리를 해놓았지. 어디선가 보고 들은 것 같은데 재미있네.' 이건 초등학생용 공감이다. 내 삶을 부정하는 것, 이해할 수 없는 것, 견해가 다른 것은 스스로 생각할 여지를 둔 대학생용 공감이다.

'뭐, 새로운 시각이 없을까?' 어수룩한 이가 잡동사니들과 농담을 나누고 있는 이 책 역시, 뻔할 뻔 자다. 과거를 되돌아보고 현재를 살피고 미래를 생각하며 살지 않는 이가 어디 있을까? 언어사전과 동식물도감, 백과사전, 위키피디아만큼 흥미진진한 이야기책은 없다. 인간 생활과 세상 만물의 변함없는 역사에 대한 최고의 명작이다. 고대와 현대의 모든 이야기는 사전의 변용이 아닐까? 자상한 학자들은 내가 흔하게 사용하는 단어 하나의 정의를 내리기 위해 평생을 바친다.

79

보이스레코더

사물: 날 어떻게 생각해?

나: …

사물: 나랑 사귀어 볼래?

나: …

사물: 날 좋아하긴 하니?

나: …

사물: 우리 그만 만날까?

나: 왜 자꾸만 너 혼자서 앞서 가고 그러니?

80
명함

그리 친하지 않은 친구가 저녁을 산다며 값비싼 식당으로 불렀다. 새로 나온 거라며 명함을 건넸다. 예전의 명함과 다를 바가 없었다. 디자인과 회사명이 같았다. 그의 날렵하게 편 어깻짓이 의아했지만, 주머니에 넣었다. 집에 돌아와서 현미경을 끼우고 보니 바뀐 직함이 꿈틀거렸다. 휴대전화로 문자를 보냈다. '홍 크리에이티브 디렉터님, 밥 잘 먹었습니다.'

'이민우 작가 선생님', 한 잡지사의 기자가 원고를 청탁하는 이메일을 보냈다. 작가면 작가고 선생님이면 선생님이지, 이건 뭔가? 게다가 몇 권의 책을 냈다고 작가인가? 며칠 전, 서점에서 신간을 살피다가 엿들은 '요즘은 개나 소나 여행기를 쓰네. 다들 천편일률적이야. 여행 작가가 되는 게 유행인가 봐.'라는 두 여자의 대화가 켕기던 참이었다. 사람의 이름에 잡종교배의 사족이 꼬리를 문다. 그 무렵, 호칭은 '나'라는 종의 기원에 대해 고민하게 했다. 본질적으로 똑같은 내 존재의 가벼움과 무거움을 달아 보는 저울이었다. 칭찬과 꾸지람은 내 평상심과 공부의 두터움을 묻는 것이었다.

예전에 다니던 여러 광고회사의 동료들과 일 때문에 알았던 이들을 오래간만에 만나면 무례한 인간이 된다. 날이 갈수록 교정이 어려운 '으'와 '어'의 경상도 소리처럼 입은 익숙한 옛 직함을 발음한다. 친한 이들이 명함을 달라고 할 땐 내가 모르는 외국어를 듣는 듯하다. 그들은 단지 내가 요즘 어떻게 사는지 잠시 걱정해 주는 것이다. 첫인사를 건너뛰려는 내 잘못이다. 그럴 땐 사람의 손보다 명함에게 악수를 부탁해야 한다.

명함들의 놀이터에서 더불어 놀 수 있는 배짱과 겸손, 융통성이 부족하다. 일상에 무의식으로 녹아들어 있는 오랜 계급사회의 상하관계, 세상살이의 질서와 행동 요령을 버릇 들이기가 힘들다. 개개인이 직장, 술자리, 집, 종교 시설, 여행지, 혼자 있을 때 사용하는 얼굴은 모두 다르다. 보통 그것을 사회생활의 적응력, 원만한 대인관계라 한다. 한 개인의 과거와 현재, 미래의 됨됨이를 섣불리 단정하고 예측할 수 없다. 누군가를 안다는 말을 쉽게 할 수 없다. 누구든 내 앞에 있는 그대로, 지금 이대로의 사람을 아무런 판단과 잣대가 없이 만나고 싶다.

81

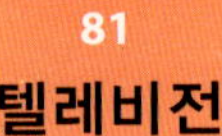

텔레비전

텔레비전은 그리스어 멀리(Tele)와 라틴어 보는 것(Vision)의 혼혈아다. 2004년 페이스북을 만든 스무 살 미국 대학생 마크 주커버그, 1884년 첫 텔레비전 시스템을 개발한 스물세 살 독일 대학생 파울 고뜨립 닙코프는 인종과 국경을 초월해 환생한 티베트 라마승들인지 모른다.

먼 세상이 보고 싶던, 가까운 사람의 얼굴과 맞대고 싶던 그 청년들의 파릇한 꿈은 텔레비전과 컴퓨터, 스마트폰의 틀에 갇혔다. 단기 기억 상실증과 금단 현상, 어깨 결림을 피하려면 무문관에 앉은 선승이 돼야 할까? 바보가 돼야 무위의 경지에 오를까?

버스와 지하철, 카페 안에 불 켠 손가락 도인들이 살고 있다. 텔레비전을 장난감처럼 가지고 놀았던 백남준은 지금쯤 신선계에 들었는지 모른다. 종종 주기적으로 장기간 휴대전화를 꺼놓아 친구들에게 세상 물정 모른다는 짜증을 솟구치게 한다. 켜놓아도 갈증은 마르지 않는다.

현대인은 아프고 외롭다. 액정화면과 페이스북은 관음증, 노출증, 애정결핍증, 애정과잉증, 조급증에 걸린 이들의 치유센터다. 자기만족, 과시, 자랑과 위로, 칭찬, 부러움, 관심을 받고자 하는 어른들의 힐링 캠프다.

페이스북과 트위터, 카카오톡을 하지 않아서 소통을 못 하는 게 아니다. 동일한 채널을 사용하면 뭔가를 공유하기가 좀 더 수월할 수는 있다. 익숙해지다 보면 자신도 모르게 역기능조차 잊어버리거나 옹호한다. 어떤 이들은 그 간극을 알면서도 짐짓 모른 척하고 놀이터로 삼는다.
배려심이 없는 소통은 먹통보다 못하다. 순기능의 예도 있다. 페이스북의 '좋아요(Like)' 버튼은 게으르고 절박한 소통의 한 형태다. 일일이 댓글을 달지 않아도 관심을 주고받고 있음을 일러 주는 이심전심이다.

82

망원경

수도자: 들여다보고 내다봐.

연구원: 필요와 불필요를 봐.

철학자: 존재와 의미를 봐.

여행자: 익숙함과 낯섦을 봐.

소비자: 있음과 없음을 봐.

사　물: 보긴 뭘 봐.

83

수첩

수첩은 순간 수집가다. 우표, 창간호 잡지, 거리에서 타인들의 토막 대화를 모으는 이들처럼 수첩은 일상의 순간들을 기록한다. 요즘은 메모 기능을 갖춘 휴대전화가 수첩을 대신하기도 한다. 디지털 칩이든, 아날로그 쪽지든, 순간을 수집하고 저장하기 위함이다. 사람이 머리와 마음에 모아 놓은 순간순간을 한 마디로 하면 기억이다. 열 달간의 태내, 출생부터 죽음에 이르기까지 모든 순간의 컬렉션을 아우르는 말은 '인생'이다.

두뇌와 심장은 메모리의 용량이 얼마인지, 몇 페이지나 되는지 알 수 없다. 수많은 순간이 어떻게 분류되어 어느 폴더, 어느 면에 기록되고 저장되는지 알 수 없다. 느닷없이 다섯 살 때 오줌을 누러 나왔던 새벽의 마당이 선명하게 되살아나기도 하고, 첫사랑을 처음 만나던 때처럼 영영 떠오르지 않는 순간도 있다. 돈이 부족하던 학생 시절, 대구 제일서적에서 책을 훔치다가 주인에게 붙잡혔을 때처럼 잊어버리고 싶은 순간도 있다.

수첩은 상실과 망각의 맞은편에 있다. 생을 구성하는 순간들은 육신과 마찬가지로 생로병사의 과정을 거친다. 수명이 짧은 것과 긴 것이 있다. 그것을 선택하고 결정하는 것은 내 의지와 무관한 듯하다. 망각은 어리거나 젊은 순간에게 자리를 양보하는 기억의 이타적 활동, 나이 든 순간들을 온전히 보전하려는 두뇌의 고고학적 노력인지 모른다.

수첩들 역시 언젠가 잃어버리거나 소각되고 사라지리라. 내가 기억하는 생애 최초의 순간, 가장 눈부신 순간, 뭔가를 포기하려고 할 때 마지막까지 나를 버티게 해주는 순간은 무엇일까? 앞으로 더 수집하고 싶은 순간들은 무엇일까?

84

안경

밝은 밖에선 덧칠한 화장 아래의 주름살이 들뜬다. 어두운 안에선 이목구비와 몸매가 드러난다. 남자는 옷을 벗기도 전에 작은 고추가 맵다는 허풍부터 떤다. 여자는 극소수의 속옷 집착증이 있는 남자만 관심을 보이는 브래지어의 색상과 디자인에 신경을 쓴다. 간밤의 정사가 어떠했는지는 주관적인 성적 만족도보다 침대 시트의 구겨진 정도, 아무렇게 나뒹구는 옷가지와 베개가 객관적으로 말해 준다.

햇빛이 강렬한 봄엔 흰 벚꽃과 함께 까만 벚나무 가지가 선명하다. 여름 해변에선 비키니를 입은 아가씨만큼 긴 옷을 입고 음료수를 파는 아줌마가 눈에 띈다. 청명한 가을 산에선 푸른 소나무가 울긋불긋한 단풍과 맞먹는다. 겨울엔 함박눈과 검은 아스팔트 도로가 비례한다. 고깃배 한 척이 망망대해를 좇던 시선을 감쪽같이 따돌린다. 한 영화를 여러 번 보면 볼 때마다 줄거리와 배우, 대사, 배경음악, 의상, 소품, 로케이션 장소가 따로따로 상영된다.

사람의 눈은 자신의 기분과 심리적 상태, 처한 상황, 날씨에 따라 오목렌즈와 볼록렌즈로 대상을 부분적으로 확대하고 축소한다. 자신이 행복하면 세상이 행복해 보인다. 한 권의 책이 가진 전체 모습과 사람마다 좋아하는 문장이 다르다. 내 마음에 와 닿는 한 구절 때문에 책을 살 때가 있다. 이해와 해석, 재미와 공감은 제각각이다. 보고 싶은 것만 본다. 초점과 시력, 관심이 서로 다른 안경들은 본능적으로 차이가 있는 암수의 다름과 같다. 제 눈에 안경이고 콩깍지다.

85

안전모

안전모는 품이 있다.

따가운 햇볕이 닿지 못한다. 갑작스러운 소나기에 젖지 않는다. 바람이 슬쩍 비켜 간다. 세상에 내놓은 나머지의 전신은 화상을 입고, 수재민이 되고, 풍전등화다. 하지만 모자는 그늘, 마른자리, 울타리가 되어 준다.

머리 굵은 자식은 어미를 떠난다. 그리고 저 스스로 새로운 품을 짓는다.

여 권
PASSPORT

86

여권

구청에서 보낸 여권 유효기간 만료 안내문을 읽는다. 신참을 맞이하려면 여권 발급 신청서, 신분증, 여권용 사진까지 자잘한 준비를 해야 한다. 은퇴를 서너 달 앞둔 여권이 서랍 문을 열고 나온다. 슬그머니 안내문을 소맷자락에 감춘다. '함께 산책이나 할까?' 이마에 별의별 도장을 다 찍혀 가며 5년간 동행했던 동지다.

아무도 나를 모르는 나라로 떠나도 익명성을 누릴 개인의 법적인 자유는 없다. 외국에서 공항과 국경의 출입국 관리소를 지날 때, 숙소에 체크인할 때, 환전할 때, 항공권과 배표를 살 때마다 내 정체성을 끊임없이 재확인하는 선문답을 해야 한다. 현지인들과 다른 여행자들도 '넌 누구니? 어디서 왔니?'라는 심오한 질문을 한다.

'내가 누구인가?' 막막할 때면 절에 가서 어려운 화두를 드는 것보다 여권을 펼친다. 붓다의 손바닥보다 작은 쪽지에 사진, 종류, 발행국, 여권번호, 성, 이름, 국적, 생년월일, 주민등록번호, 성별, 발급일, 기간만료일, 발행관청, 한글 성명까지 적혀 있다. 단답형의 몇 가지 항목으로 간단명료하게 내 정체성을 훤히 밝혀 준다. 이만큼 군더더기가 없고 국제적으로 통용되는 인물 보고서를 작성하기란 만만치 않다.

하지만 한 개인의 성격을 형성하고 특정 행동을 유발하는 생활의 소소한 항목들을 속속들이 기록하지 못하는 단점이 있다. 이를테면, 여권 심사관은 내게 난방이 된 겨울보다 에어컨이 없는 여름을 더 좋아하는지를 묻지 않는다. 대신에 마약이나 총기류를 소지했느냐는 빤한 질문으로 양계장 같은 이코노미 좌석에서 쌓인 열두 시간 비행의 피로를 풀어 준다.
여권은 나라들이 금 그어 놓은 종이 위의 국경선이다. 출입국 스탬프는 열고 닫는 외교의식의 성문이다. 외교에서 개인적 생각과 표정은 제어해야 한다.

런던 히드로 공항에서 여행일정표를 요구하는 여권심사관에게 발끈하다가 잠시 심사보류를 겪은 적이 있다. 올림픽과 월드컵을 개최한 OECD의 회원국인 대한민국은 아직 구구절절 설명이 필요한 나라다. 왜 개인적인 여행을 하면서 민간 외교관의 역할까지 해야 할까? 한 개인의 인간성을 한 나라의 국민성으로 일반화하지 않는다.

'이번에 네가 들일 전자여권은 임기가 10년이라고?' 퇴임할 여권이 후임자를 걱정한다. 5년을 50년처럼 살았던 패스포트가 작별 인사를 한다. '이 나라와 저 나라, 이 세상과 저세상, 어느 지상이든 하루라도 머물기 위한 생의 통과의례야. 삼신할미가 몽고반점을 찍어 주듯이.'

87
생리대

한 친구가 며칠간 집에 머물다 갔다. 별별 이야기를 가리지 않고 나누는 오랜 친구다. 여자지만 여자로 보이지 않는다. 그녀도 나를 남자로 보지 않는다. '그렇게 시간 가는 줄 모르고 정답게 대화하는 걸 보면 부부는 아닌데, 어떤 사이냐?'고 묻는 여자들이 있다. '너, 고자냐?'고 묻는 남성 동지들이 있다. 어찌 한번 해볼 요량, 성적 긴장감이 면역된 편한 친구 사이다.

흉허물이 없긴 없나 보다. 그녀가 쓰다 남은 생리대 몇 개를 욕실에 버젓이 두고 갔다. 이건 여성 전용이다. 남성만 사용하는 사물은 뭐가 있을까? 여자도 다리와 겨드랑이를 제모하니 면도기는 아니고, 콘돔도 꼭 남자만을 위한 것이라고 할 수 없다. 남자용 사물을 아직 찾지 못했다. 사실, 수컷은 제 전용의 사물 하나도 가질 자격이 없는 동물이다.

위풍당당한 마초도 한 달에 한 번씩 마술을 부리는 여자에게 무릎을 꿇는다. 용감무쌍한 해병대원도 매달 고통스러운 특수훈련을 받는 여자에게 거수경례를 붙인다. 새로운 세상을 만들려는 킹 메이커도 자식을 잉태하기 위해 준비하는 여자에게 재주를 내려놓는다. 여자는 폐경기를 슬퍼한다. 암컷만의 능력과 권력을 상실한 애통함 때문일까?

88

화투

하느님의 천지창조는 아직 끝나지 않았다. 산, 바다, 동식물, 남녀 한 쌍의 인간까지 하드웨어는 예전에 완성했다. 피조물들이 사는 것을 흐뭇하게 바라보던 하느님은 소프트웨어를 만들기 시작했다. 걷기, 등산, 수영, 자전거, 축구, 여행과 같은 여가 생활이 그것이다.

레저 활동조차 일하듯 하는 인간이 불쌍해 각종 놀이 도구까지 만들었다. 그중의 걸작이 화투, 포커, 바둑, 장기, 마작, 체스와 같은 놀이판이다. 좋은 패와 나쁜 패가 따로 없는데 인간은 놀이를 너무 심각하고 진지하게 몰두한다. 이기는가, 지는가? 그것에 집중하고 자존심까지 건 승부 내기를 한다. 인간끼리 규칙을 만들고, 무리끼리 승자와 패자를 가른다. 놀이판을 싸움판으로 바꾼다. 어느 누구에게도 하느님은 금은동 메달과 트로피, 회초리, 벌서기를 주지 않는다.

하느님은 놀이에 그런 것을 프로그래밍한 적이 없다. '바이러스에 걸렸나?' 점검한다. 인간에게 출생 선물로 준 자유의지의 과부하로 오류가 났음을 발견한다. 이미 줬던 선물을 다시 달라는 것도 그렇고 해서 '어떻게 할까?' 고민 중이다. 인간에게 주5일 근무제를 허락했다. 정작 하느님은 일주일에 하루를 쉬던 오랜 생활습관까지 철회해야 할 처지다.

光

89

보이차

누가 죽었는지 울고 분다. 밤새도록 똑같은 말을 횡설수설한다. 너한테만 알려 주는 거라며 비밀을 발설한다. 전국노래자랑의 1차 예심에서 떨어질 목소리로 고성방가를 한다. 법인카드를 마구 긁다가 시말서를 쓴다. 내가 쏜다며 호기를 부리다가 다음 날 아침에 후회한다. 다 큰 남자들이 담벼락에 나란히 서서 오줌발 세기를 다툰다. 출처를 알 수 없는 용기가 나서 낯선 이에게 시비를 걸다가 경찰서로 간다. 알코올이 남성호르몬이라도 되는 양 지나가는 여자에게 성추행을 하다가 따귀를 맞는다. 서울시청의 공무원이 되어 지하철의 종점을 왔다 갔다 한다. 헛개나무 음료와 콩나물 해장국으로 속을 달랜다. 수면부족인지 꾸벅꾸벅 존다. 마침내 천태만상의 필름이 끊긴다.

알코올중독치료센터에서 의사가 남자에게 차 한 잔을 건넨다.

"왜 그렇게 술을 마십니까?"
"생활이 술을 권합니다."

그리고 되묻는다.

"술에라도 취하면 인생이 아름다워 보이지 않습니까?"

90
초

왜 인간은 밝음을 좋아하고 어둠을 싫어할까? 밝음을 희망으로 찬양하고 어둠을 절망으로 저주할까? 일반적으로 어둠을 음침한, 두려운, 사악한 것으로 본다. 절망을 지옥, 극복할, 이길, 잊을 대상으로 본다. 마치 천사와 악마의 대결인 양 한다.

흑과 백, 어느 것이 부정이고 어느 것이 긍정일까? 어두울수록 밝은 별의 역설이다. 단지 빛을 기준으로 삼았을 때 빛이 있는 상태를 밝음, 없는 상태를 어둠이라 한다. 상태는 사물과 현상이 놓여 있는 모양이나 형편이다.

밝음은 동적인 힘이고 어둠은 정적인 힘이다. 전통적인 생활양식에선 밤에 자고 낮에 움직인다. 초의 역할이 점점 사라진다. 전기가 나온 이후로 시도 때도 없이 밝다. 밝음과 어둠의 균형이 깨져서 인간은 밤낮없이 전쟁하듯이 산다.

초는 머리엔 밝음, 발엔 어둠을 만든다. 곧 초를 이룬 파라핀과 심지조차 사그라진다. 밝음을 밝음으로, 어둠을 어둠으로, 낮을 낮으로, 밤을 밤으로, 희망을 희망으로, 절망을 절망으로 존재하게 한다. 이들은 서로가 등지는 말이 아니다. 서로의 말을 들어 주고 상대해 주는 말이다.

91
통장

난 통장이다. 나를 소유한 인간에는 크게 세 부류가 있다. 흥청망청형, 자린고비형, 알뜰살뜰형. 이들의 공통점은 출금보다 입금되는 것이 많기를 바란다. 나 대신에 내 형제자매를 보유한 이들도 있다.

인간은 내가 지닌 돈의 분량에 따라 어깨를 펴거나 기가 죽는다. 나를 무시하고 살아 보려는 별종이 출몰하지만 삶이 녹록하지 않다. 돈은 사람들이 하찮은 조개껍데기나 돌멩이에 엉뚱하게도 대단한 가치를 부여하던 까마득한 옛

날부터 숭배의 대상이 되었다. 세상에서 가장 아름다운 여자를 조개껍데기 하나와 바꿀 수도 있었다.

세상의 모든 종교조차 수하에 두고 군림하는 최상위 개념의 변치 않는 종교다. 천지개벽 이래 인류가 이 물신을 완전히 등지고 개종한 적이 있을까? 로또와 카지노, 경마장은 물신의 가장 합법적이고 당당한 분신들이다. 물욕은 아무도 그의 권위에 도전할 자가 없는 무소불위의 권력이다.

나는 물신이 거하는 성전이다. 그에게 얹혀 살며 비위를 맞추는 게 염증이 난다. 물신의 비리를 알리는 내부고발자가 될까? IMF의 희롱, 월 스트리트의 불장난, 유로화의 술주정을 통해 나의 하소연을 예언처럼 세상에 내비치기도 했다. 내 코앞에 닥치지 않으면 남의 일이다. 한 개인이 조직과 싸워 승리한 역사는 드물다. 개인이 승소한 사례가 있어도 조직은 무슨 일이 있었느냐는 듯이 그대로 돌아간다. 세상을 소유하고 지배하는 물신이 뒷배를 봐주기 때문이다.

물신과 인간 사이의 복덕방 중개사 역할을 그만두고 싶다. 난 기도한다. 입출금 기능이 정지되기를, 사람들이 물신에게 복 달라고 빌지 않기를, 잘살게 해달라고 더 이상 매달리지 않기를 기도한다. 언젠가 물신도 제풀에 지칠 때가 있을 것이다. 종말을 선언하고 종적을 감출지 모른다. 물신이 없는 세상은 어떻게 돌아갈까?

92
콘돔

동네 편의점에서 계산대에 콘돔 한 케이스를 올려놓는다. 주인아저씨가 내 얼굴을 흘깃 보더니 씩 웃는다. 괜히 어색해서 씹지도 않는 껌도 산다. 왜 콘돔 하나 사는 데 민망함을 느끼고 얼굴에 철판까지 깔아야 할까? 인터넷으로 주문할 걸 그랬다. 여자들이 생리대 살 때도 같은 기분일까?

포털 사이트의 검색창에 '콘돔'이란 단어를 입력한다. 정보통신망이용촉진 및 정보보호 등에 관한 법률이니, 청소년보호법의 규정, 청소년에게 유해한 정보, 성인 인증 대상 키워드니 하는 포르노 사이트에서나 볼 수 있는 문구부터 나온다. 로마 교황청의 지엄한 후광 같은 빨간 원 안에 갇힌 숫자 19도 함께 표시된다. 콘돔은 24시간 편의점과 공중화장실의 자동판매기에서 판매하는 일상 생활용품 중의 하나다.

콘돔은 성기가 성장했을 때 즉, 발기했을 때 끼우는 것이니 사용법으로 보면 성인용품이다. 요즘 청소년들은 초등학교 때 사춘기를 맞이한다. 육체적 성숙도는 부모 세대보다 빠르다. 콘돔을 사는 남자 고등학생, 핸드백에 지니고 다니는 여자 대학생은 발랑 까진 것들일까?

성에 대해서 올바르게 판단할 나이는 몇 살일까? 혀, 손발, 성기. 이 세 가지의 끄트머리를 부주의하지 않게 사용하는 어른, 욕망의 끝을 조절할 수 있는 정신적 콘돔을 가진 성인이 몇이나 될까?

93

수저

친구: 진짜 왜 그래! 나니까 이해해.

애인: 널린 게 사람이야! 너밖에 없어.

부부: 이 웬수야! 당신이 있어야지.

직장 동료: 손발이 맞아야지 정말! 구관이 명관이네.

부모 자식: 속만 썩여! 밥은 먹었냐?

형제자매: 이웃사촌보다 못해! 핏줄이 당기는 걸.

숟가락은 뜨고 젓가락은 집는다.

한 식탁 위에서 식사를 위해 한 길을 걷는 도반이다.

서로 지켜봐 주는 도반이 사람과 사람뿐일까?

그래도 사람에게 먼저 눈길이 가는 건 어쩔 수 없다.

94

빨대

지구에게 씨름을 거는 녀석이 있다. 지구는 중력, 빨대는 집중력이 주요한 힘이다. 빨대는 단숨에 지구의 힘을 쑥 빼앗고 쭉 들어 올린다. 들기만 하면 게임은 끝난다. 덩치는 지구의 코딱지보다 작고 빼빼 마른 녀석이 판판이 이긴다는 사실이 대단하다. 단, 빨대는 지구가 액체 기술을 걸 때만 으스댄다. 큰 힘을 가진 자의 아량과 관용이랄까? 지구는 고체 따위의 불가항력적인 기술을 써서 빨대의 기를 죽이지 않는다.

가끔 빨대를 기분 좋게 하는 것이 사람이란 걸 잊는다. 빨대로 컵에 든 음료수를 빨아 먹다 보면 과도하게 감정이입을 한다. 창조주가 피조물의 힘에 지배를 받고 거꾸로 놀림을 당한다. 값이 나가거나 큰 사물들도 일회용 플라스틱 빨대처럼 대할 수 없을까?

사물에 대한 예의는 사물을 사물로 취급하고 대접하는 것이다. 내겐 사물을 무심히 대할 수 있는 초월적인 힘이 없다. 틀니마저 뺀 노인처럼 입과 볼따구니만 오물거린다. 언젠가부터 내가 가진 사물이 나를 대변한다는 광고적 자아가 형성되었다. 사물을 가지는 것이 곧 사람의 생활, 삶의 실체라고 규정짓기도 한다. 나 자신과 빨대로부터 뉴턴의 사과를 빼앗을 만큼의 혁명적인 우주관을 기대하지 않는다.

95
햇빛

여행이 주는 가장 내밀한 안식은 햇빛이다. 햇빛은 여행자가 입는 헐렁한 배냇저고리다. 지방과 나라, 대륙마다 빛을 품는 공기의 입자가 다르다. 카메라를 똑같이 설정하고 찍어도 사진에 든 빛들은 색감이 다른 부족들의 잔치다. 길, 나무, 사람, 유적지, 전시, 공연, 식도락, 쇼핑보다 이국적이다.

회사와 집을 오가느라 지친 직장인. 오랜만에 밀린 비디오를 보다가 늦잠에서 일어난 일요일 오후. 아파트 거실 유리창을 건너온 햇빛이 참빗이 되었다. 빡빡 민 머리를 빗어 주며 아무 할 일 없던 게으름, 고맙다.

모처럼 작정하고 해외로 간 보름간의 휴가. 며칠간 시간 가는 줄 모르던 인적 드문 해변. 기미와 주근깨, 피부암, 노화까지 잊게 하던 대담한 햇빛이 비치 테라피가 되었다. 식물성 인간의 속껍질을 다독이던 햇빛의 느긋함, 고맙다.

사직하고 통장 잔액을 톡톡 털어 떠난 긴 배낭여행. 카페에서 야외 테이블을 담당한 웨이터의 넉살을 받던 반나절. 행인들의 발소리에 귀 기울이던 햇빛이 벌떡 일어나 골목으로 사라졌다. 반겨 주는 이가 있을 리 없는 게스트하우스로 뒤따라가던 경쾌한 외로움, 고맙다.

떠남의 때깔은 바로 말하지 않고 한 줄기 빗대어 속삭이는 길의 관용이다. 그 빛들은 마음 은행에 쏙쏙 꽂혀 빚이 되었다. 빛나는 고마움이다. 공항리무진 버스는 눈부신 빛 속으로 곧장 뚫고 들어갈 만큼 뻔뻔하지 않아서 출퇴근길 차량을 에둘러 간다. 창문에 엉겨 붙은 눈빛이 쓸쓸하다.

96
증명사진

"여권 사진? 네. 먼저, 저리 가서 거울 한 번 보세요.
자, 그럼, 어깨는 수평으로, 허리 펴시고. 웃어 주세요.
너무 웃었어. 살짝. 좋아, 좋아요. 고개를 아래로 약간만 숙이시고.
얼굴을 왼쪽으로 조금만. 그렇지. 눈 깜빡이지 말고, 그대로!"

동네 사진관에 들어선다. 사진사의 존댓말과 반말이 천방지축 섞여 나온다. 그는 명령하고 나는 군말 없이 따른다. 서로 그렇게 해야 한다는 것을 어디서 배웠을까? 가끔, 당연시하는 사회적 행동양식이 어리둥절하다. 바람직한 사회인이 되려면 귀 밑에 멀미 약을 붙이고 다녀야 할까? 말귀를 못 알아듣는다며 외국에서 온 교포, 유학생, 동남아시아에서 온 노동자냐고 막말로 묻는 택시 기사도 있다.

신분증과 자격증에 붙은 증명사진이 마음에 드는 이가 몇이나 될까? 거울 앞에서 표정 연습을 한다. 내가 나를 점검하는 일은 늘 어렵다. 조련사의 기준에 상응하는 표정과 자세를 즉석에서 취한다. 한 개인의 얼굴이 세상에서 요구하는 또는 스스로 그렇게 보이기를 원하는 사회인의 얼굴로 바뀐다.

찰칵, 플래시 불빛이 생멸하는 찰나, 무의식은 존재의 변신을 체험한다. 한 개인이 사회화를 거치면서 겪은 내면의 생채기가 필름에 담겼다. 사진사와 내가 암묵적으로 공모한 순간이 세상에서 공식적으로 나를 증명할 것이다. 과거의 얼굴이 현재의 모습을 증명한다. 비현실적인 현실이다. 고등학생 때 찍은 증명사진은 주민등록증을 전자식으로 재발급할 때까지 13년간 시간여행을 하며 내 아바타 노릇을 했다.

누구나 증명사진이 의도적으로 연출되었다는 것을 안다. 사람들은 타인의 신분증에 붙어 있는 사진의 인상을 보며 점쟁이나 통계학자가 된다. '호남형이다. 내가 좋아하는 타입이네. 누굴 닮았어.' 특정 인물에 대한 추측과 억측, 이해와 오해를 갖는다. 자신이 살아오면서 학습했던 인간관계의 경험들과 개인적인 취향도 훈수를 둔다. 타인이 생각하는 또 다른 내 얼굴이 탄생한다. 한 장의 증명사진은 이안렌즈들 속에서 무한변신을 한다.

"여기서 기다리든지, 15분 후에 찾으러 오세요."

사진관 옆 건물 카페의 가파른 계단을 오른다. 범죄를 저지른 것도 아닌데 알리바이를 증명해야 하는 용의자의 난처한 얼굴이 뒤따른다. 내게 나를 증명할 만한 것이 있기는 할까? 갖가지 집단과 사회의 구성원으로 살아가는 한, 내가 원하든 원치 않든 끊임없이 무언가를 증명해야 한다는 사실이 참 남루하다. 에스프레소를 단숨에 비운다. 다시 한 개인으로 되돌아온다. 담배 연기가 내 얼굴 앞에서 잠시 턱을 괴더니, 비좁은 창틀을 벗어나 대기와 인사한다.

97
죽비

"탁!"

국수와 스파게티는 먹어본 이가 안다. 다른 나라와 여행은 다녀본 이가 안다. 사기는 치고 당해본 이가 안다. 책은 써보고 읽어 보고 만들어본 이가 안다. 연애와 섹스는 해본 이가 안다. 차와 커피와 술은 마셔본 이가 안다. 기도와 참선은 해본 이가 안다. 합격과 불합격은 붙어 보고 떨어져본 이가 안다. 돈은 지녀 보고 써본 이가 안다. 집은 지어 보고 살아 보고 가져본 이가 안다. 결혼과 이혼과 재혼은 겪어본 이가 안다. 자식은 임신하고 낳아 보고 길러본 이가 안다. 담배와 마약은 피워본 이가 안다. 스마트폰과 태블릿PC는 사용해본 이가 안다. 광고는 주문하고 만들어본 이가 안다. 로또와 복권은 팔고 사고 당첨되어본 이가 안다.

경험주의는 풀과 나무를 알지만, 개인적이고 주관적인 것을 일반적인 것으로 확대할 수 있다. 합리주의는 숲과 산을 알지만, 결정적으로 다른 결과를 나타내는 각 사례의 미묘한 차이를 간과할 수 있다. 앎과 모름은 무엇일까? 깨달은 자는 그 구분조차 없다. 멀고 먼 길이다.

홀로 죽비를 친다.

98
비행기 표

항공권을 살 때마다 돌아올 것을 예감한다. 그럼에도, 여행할 때마다 왕복을 살지, 편도 표를 살지 주춤거린다. 떠나면서 돌아올 표를 보며 미련을 갖는다. 행여, 이 표를 사용하지 않게 될까? 뭉그적거리며 비행 소년이 된다.

무언가로의 회귀에 대한 거부의 발버둥일까? 휴양지 섬의 휴화산이 살아나 고립무원이 되기를, 선한 고산족들이 반군으로 돌변해 산의 외길을 막아 버리기를 바란다. 그마저도 여의치 않으면 폭풍우로 되돌아가는 항공편이 결항되기를, 기체 결함으로 공항에서 몇 시간이라도 더 연착되기를 희망하는 것은 얼마나 비참한가? 다급히 항공사에 전화해 돌아갈 날짜를 변경할 때가 있다. 그러나 한번 산 리턴 티켓의 굴욕감은 떨쳐 내지 못한다.

비행기 표는 어디론가 떠나서 사라지고 싶게 만드는 사물이다. 인과론으로 보면 모든 것은 원인과 결과가 있다. 어린 시절부터 훑어봐도 그 생성의 씨앗을 찾아내지 못했다. 무당은 역마살이란 점괘를 뽑아 놓고 전생의 구덩이까지 들쑤시는 의뭉스러운 연기를 피운다. 심리학자는 뭐라고 할까?

버스, 지하철, 기차, 배, 비행기는 한 지점과 또 다른 지점을 잇는 이동의 철학이다. 승차권은 떠남과 머묾의 사이, 출발과 도착의 거리에 있는 공간의 그리움이다. 여행은 익숙한 것에 대한 불편함일까, 낯선 것에 대한 편안함일까?

여행자는 잃어버린 것도 없는데 뭔가를 찾아다니는 사람이다. 자신의 마음이 머물 곳을 찾는 것일까, 스스로 새로운 고향의 자궁이 되기를 원하는 것일까? 비행기 표는 순식간에 나를 가장 멀리 날려 보낸다. 여행은 떠남을 전제로 한다. 떠남이 곧 여행이다.

99

라면

“나도 외국인 노동자입니다.”

싱가포르 창이 공항에서 인천 공항으로 가는 비행기. 내 옆자리에는 경남 창원으로 간다는 스리랑카인 노동자, 그의 옆자리엔 주한 외국 회사에서 근무한다는 프랑스인 사장이 있었다. 셋이서 이야기를 나누었다. 유엔에서 일하는 반기문 사무총장과 피겨스케이팅 김연아 선수, 미국 프로 골퍼 최경주 선수, 한류 스타들은 외국에 나가서 돈을 버는 한국인 노동자들이다.

“그는 한국계지만 미국인입니다.”

버지니아 공대 총기 사건을 일으킨 조승희를 키운 사회는 한국이 아니다. 다민족 시민국가인 미국이다. 성김 주한 미국 대사와 김용 세계은행 총재는 한국계 미국인, 프랑스 내각의 플뢰르 펠러랭 장관은 한국계 프랑스인, 노르웨이 오슬로 대학교의 박노자 교수는 러시아계 한국인, 새누리당의 이자스민 국회의원은 필리핀계 한국인이다. 민족과 국가는 다르다.

한국인이 사랑하는 한국산 라면은 누구일까? 일본에서 태어나 귀화한 우리나라 국적의 일본계 한국인 2세 노동자이다. 국민들은 이 정도의 포용력이 있는데, 왜 정부에선 이주민, 새터민, 다문화가정이란 용어를 만들까? 현대의 신토불이는 핏줄과 출생지보다 성장하고 소속된 곳의 체질적 적합성과 문화적 연대감이다.

면은 다민족의 난해한 역사를 가진 식품이다. 특정 음식에 대한 국적 논쟁은 영토 분쟁만큼이나 과격하고 흥분하기 쉽다. 요즘은 라면의 분말수프처럼 이성과 감성, 나라와 민족, 학문과 학문, 문화와 문화, 전자제품들이 세분화되는 것만큼 통합과 융합을 병행한다. 새로운 메뉴를 만드는 레시피는 그렇게 생기지 않을까?

Epilogue

일상의
소소한 사물들,
사람과 세상에
관심을 가지면
관용이 생기고
관계를 맺는다.
그게 날 치유한다.
늘
우리, 너, 나를
품고 싶다.
사물들이
내게 그렇게 했듯이.

2012년 여름,

이민우가 쓰고 정세영이 찍다.

사물의 사생활

1판 1쇄 발행일 2012년 12월 1일
1판 2쇄 발행일 2013년 11월 1일
글 | 이민우
사진 | 정세영
펴낸이 | 임왕준
편집인 | 김문영
교정·교열 | 양은희
디자인 | 이숲디자인 남경태
펴낸곳 | 이숲
등록 | 2008년 3월 28일 제301-2008-086호
주소 | 서울시 중구 장충동1가 38-70
전화 | 2235-5580
팩스 | 6442-5581
홈페이지 | www.esoope.com
e-mail | esoope@korea.com
ISBN | 978-89-94228-54-9 03810

• 이 책은 환경보호를 위해 재생종이를 사용하여 제작하였으며 한국출판문화진흥원이 인증하는 녹색출판마크를 사용하였습니다.
• 이 도서의 국립중앙도서관 출판시도서목록(CIP)은 e-CIP홈페이지(http://www.nl.go.kr/ecip)와 국가자료공동목록시스템(http://www.nl.go.kr/kolisnet)에서 이용하실 수 있습니다. (CIP제어번호: CIP2012005322)